D0593636

A SPANISH READER

Ana María
Matute

nextext

Cover illustration: Andrea Ventura

Printed in the United States of America

ISBN 0-618-04826-X

1 2 3 4 5 6 7 — QKT — 06 05 04 03 02 01 00

Contenido

El niño que encontró un violín en el granero

Zum-Zum, un niño que no posee el don del habla, se obsesiona con un violín que ha encontrado. Pero en vez de solucionar sus problemas, el instrumento lleva al niño a su destino final.

CUENTOS DE *HISTORIAS DE LA ARTÁMILA*

La pasión es una emoción devastadora en este cuento, que narra la historia de un joven de un pueblo desolado. La naturaleza del campo español juega aquí un papel importante.

Cuando un médico pasa la noche en un pueblo rural, descubre que la autodecepción es un consuelo para una madre que ha perdido a su hijo.

Este cuento trata el tema de los niños huérfanos y pobres que están condenados por la sociedad. La narradora, aunque no se puede relacionar con los niños al principio, descubre al final que a pesar de su mala reputación, estos niños son seres humanos igual que ella.

Este relato trata de una joven criada autosuficiente que no parece tener compasión hacia nada ni hacia nadie. Sin embargo, los otros jóvenes descubren que hace años la chica tuvo una debilidad: envidia de una muñeca.

introducción

España en el siglo XX

El resultado de una historia tumultuosa

Con la llegada de Cristóbal Colón a América en 1492, España se convirtió en una de la primeras potencias europeas. Al principio, sus colonias en Latinoamérica le aseguraron riqueza y control de los mercados internacionales. Sin embargo, tras muchas guerras y muchos reinados débiles, España iba perdiendo el poder y la riqueza que había acumulado. En el siglo XIX, viendo el estado inseguro del país, las colonias españolas comenzaron a independizarse, siendo Cuba la última en proclamar su independencia. La pérdida de Cuba en 1898 supuso para los españoles el final definitivo de una época imperial que se remontaba a varios siglos. España se encontró sin recursos y en medio de una gran inestabilidad política.

Movimientos intelectuales y artísticos

La pérdida progresiva del poder político de España provocó un deseo por intentar revivir el pasado e intentar cambiar el momento que les tocaba vivir. En el

A principios del siglo XX, España experimentó una época de creatividad intelectual y artística. Una de las personas más importantes de la arquitectura de este periodo fue Antonio Gaudí, arquitecto catalán cuya obra da a Barcelona un ambiente caprichoso. Una de estas obras es el hermoso parque Güell que aparece en esta foto.

ámbito intelectual existían opiniones muy diversas, las cuales iban desde la filosofía anarquista al movimiento conservador nacionalista. La coexistencia de tantas ideologías distintas produjo una sociedad dividida e inestable que se guiaba por un cierto pesimismo.

En esta difícil época surgieron muchas nuevas ideas intelectuales y artísticas. La llamada "Generación del 98", un grupo de intelectuales compuesto por Pío Baroja, Azorín, José Ortega y Gasset y Miguel de Unamuno, entre otros, intentaba configurar nuevamente un sentido nacional del orgullo español frente a los fracasos de los siglos anteriores. En el mundo del arte, el famoso arquitecto catalán, Antonio Gaudí, abrió paso al movimiento Art Nouveau durante las dos primeras décadas del siglo con su obra fantástica en Barcelona. También, el famoso artista malagueño, Pablo Picasso, experimentó con el arte moderno.

Los movimientos intelectuales y artísticos de principios de siglo en España planteaban una búsqueda de la identidad nacional y expresaban al mismo tiempo el descontento de los intelectuales frente a la sociedad en la que les había tocado vivir. Aunque de esta época salieron obras importantes para la cultura del país, para muchos fue un periodo de crisis nacional.

La década de los veinte

En 1923, el general Primo de Rivera dió un golpe de estado y tomó el control del gobierno. El rey Alfonso XIII, en vez de oponerse al nuevo dictador, lo apoyó debido a que el sistema monárquico no podía controlar la situación. No obstante, esta nueva dictadura también fracasó en el año 1930. El general Dámaso Berenguer, nuevo jefe de Estado, tenía el propósito de renombrar rey a Alfonso XIII, pero cuando el estado permitió las elecciones generales en 1931, se pudo constatar que las ciudades más importantes del país apoyaban la república y no la monarquía. Ese mismo año, se proclamó la Primera República Española. Tras las constantes luchas entre republicanos y monárquicos se volvió a reinstaurar una Segunda República que desembocó en la Guerra Civil, cuando el general Francisco Franco tomó el poder.

Cataluña dentro de la política española

Cataluña, comunidad autónoma natal de Ana María Matute, es una de las zonas separatistas que ha luchado durante siglos por conseguir la independencia de España. Esta comunidad es una de las zonas más industrializadas y ricas de la península y tiene una lengua distinta, el catalán. Los catalanes separatistas consideran a Cataluña como un país distinto de España.

En las dos primeras décadas del siglo XX, Cataluña había empezado a ganar más independencia, pero la dictadura de Primo de Rivera cortó sus logros e implementó una política antiseparatista. La reacción de los catalanes separatistas frente a la dictadura resultó en la formación del partido llamado *Esquerra Republicana*. En las elecciones de 1931, Esquerra Republicana ganó el poder en Cataluña. La autonomía que se consiguió, opuesta violentamente por los grupos monárquicos, aseguró la lealtad del gobierno de Cataluña a los grupos republicanos durante la importante década de los treinta y sobre todo, durante la Guerra Civil.

La Guerra Civil

En el verano de 1936, la economía y la situación política de España se encontraban en un caos que el nuevo gobierno izquierdista, el llamado Frente Popular, no podía salvar. El 18 de julio de 1936, el general Francisco

Franco lideró una rebelión del partido nacional frente al gobierno republicano. Con esta acción, estalló la guerra civil española.

El país se encontraba dividido en dos: los republicanos y los nacionales. Los nacionales tenían el apoyo de los representantes de la iglesia católica, de los monárquicos, de los grandes propietarios, de los militares y de una parte bastante grande de la burguesía. Por el otro lado estaba el partido republicano izquierdista apoyado por otra parte del ejército, leal al gobierno elegido democráticamente, los campesinos, los obreros y gran parte de los intelectuales. Los nacionales disfrutaron de la ayuda de los estados fascistas de Mussolini en Italia y Hitler en Alemania, y los republicanos fueron apoyados por los comunistas soviéticos.

Durante la guerra civil española, miles de personas fueron desterradas. En esta imagen, una madre huye del país con su familia, ayudada por un soldado que podría ser su hijo.

Un cartel republicano exige la evacuación de las mujeres y los niños de la ciudad capital. Este ejemplo de la propaganda utilizado durante la guerra demuestra el miedo que tuvo la gente española en estos años.

Franco, con los esfuerzos del ejército nacional y los poderes militares de Alemania e Italia, luchó en la guerra de una manera organizada y efectiva. A pesar del apoyo de la Unión Soviética y de voluntarios internacionales, los republicanos, que sufrían de muchas opiniones distintas dentro de su ideología política y de menos capacidad militar, no consiguieron vencer a los conservadores.

Durante la guerra, ambos bandos y sus simpatizantes radicales participaron en horribles crímenes. Ambos bandos perseguían a personas de ideologías opuestas a las suyas, y se cometieron muchísimas ejecuciones y asesinatos. En este atroz ambiente bélico, la joven escritora Ana María Matute conoció la hipocresía y la crueldad a la que pueden llegar los seres humanos.

Fin de guerra y una nueva dictadura

En marzo de 1939, los nacionales ganaron el control en la capital, Madrid, y los republicanos se rindieron a los nacionales. La guerra dejaba a España pobre y débil, y la

El dictador Francisco Franco empezó su régimen al rendirse los republicanos a los nacionales en marzo de 1939. El general aparece aquí con su esposa en un desfile en 1943.

dictadura de Franco fue inestable, sobre todo cuando la Segunda Guerra Mundial estalló en el mismo año. Los horrores cometidos por su aliado Hitler en Alemanía dañaron la dictadura de Franco, pero el dictador mantuvo el poder a pesar de la falta de apoyo internacional.

La dictadura de Franco fue otra época difícil para España. En los años posteriores a la guerra, Franco seguía buscando y asesinando a sus enemigos. Las zonas republicanas como Barcelona fueron castigadas por sus ideologías políticas y España entró en una nueva época de aislamiento. El dictador se mantuvo fuera de la Segunda Guerra Mundial, pero ideológicamente estaba cerca de Hitler.

Franco impuso una fuerte censura en los medios de comunicación y los sectores intelectuales. Se frenó el intercambio cultural con los países extranjeros y estaba prohibido que el mundo intelectual español tuviera el poder de criticar al gobierno. El fuerte vínculo existente entre la iglesia católica y el dictador provocó una política extremadamente conservadora donde no había lugar para la literatura provocativa o antirreligiosa. El general tampoco permitió la enseñanza ni el habla de lenguas distintas al español como el catalán en Cataluña y el vascuence en el País Vasco.

España ahora

Con los años, la dictadura de Franco se suavizó. Perdió su afiliación con la ideología fascista, abrió su gobierno, incluso celebró unas elecciones para escaños en su parlamento en 1967. Cuando el dictador murió en 1975, dejó el país en las manos de Juan Carlos de Borbón, hijo de Juan de Borbón, sucesor de la monarquía. Desde entonces, España disfruta de un sistema de monarquía democrática, en el que la gente elige un presidente de estado, mientras el rey desempeña el papel de representante diplomático. El país se ha dividido en diecisiete comunidades autónomas, y ha dado mucha más libertad a comunidades como Cataluña y el País Vasco. Aunque todavía quedan radicales separatistas, la sensación de urgencia y desesperación que había a principios del siglo ha disminuido.

Ahora España es país miembro de la Unión Europea y está abierto a los mercados internacionales, sin censura y sin una dictadura opresiva. El país todavía está luchando para llegar a un estado de modernización igual al de algunos de sus vecinos europeos, pero ha logrado mucho en las dos últimas décadas del siglo XX.

Biografía

1926–1936: Los años de la inocencia

Ana María Matute Ausejo nació en Barcelona el día 26 de julio de 1926. Era la segunda de cinco hermanos de una familia burguesa y tradicional. El padre de Ana María fue un industrial catalán, dueño de una fábrica de paraguas. Su madre, de origen castellano, era una mujer típica española de la época: conservadora y religiosa. La familia pasaba largas temporadas entre Barcelona, Madrid y Mansilla de la Sierra, un pueblo de La Rioja. En este último lugar, donde vivían los abuelos de Matute, la familia pasaba los veranos.

Matute fue una niña de mala salud y se quedaba con sus abuelos en Mansilla más frecuentemente que el resto de su familia. Cuando cumplió los ocho años, se fue a vivir allí y asistió a la escuela pública. Su estancia en Mansilla ha marcado toda su obra. La vida dura de los campesinos frente al paisaje hermoso de las montañas se apoderó de la atención de la pequeña Matute. Aún a su temprana edad, conoció la injusticia social que había en el campo, donde típicamente una sola familia del pueblo vivía en la abundancia mientras los demás trabajaban duramente y viviendo en la más pura pobreza.

Cuando Matute no estaba en el campo, vivía en Madrid o en Barcelona. La rivalidad entre las dos ciudades siempre ha sido fuerte, y cambiar entre tantos lugares diferentes no era fácil para la niña. Se sentía extraña en todos los sitios. En Madrid, la gente no podía perdonar sus raíces catalanas, en Barcelona, Matute no era de pura sangre catalana, y en Mansilla, ella era una niña rica de la ciudad entre los campesinos pobres. El hecho de que la autora se sintiera fuera de lugar en cada uno de estos sitios se ha visto reflejado en su obra, en la cual se pueden ver los sentimientos de los niños solitarios.

Se acaba la niñez

La familia Matute estaba en su casa del *Eixample,* una zona moderna y burguesa de Barcelona, cuando estalló la Guerra Civil en julio de 1936. Para Matute, que tenía entonces diez años, como para los otros niños de su generación, la vida cambiaría radicalmente en esos difíciles años de guerra.

Barcelona fue uno de los sitios más tumultuosos del país durante la guerra civil. La ciudad pertenecía a la zona republicana y fue el centro de actividades izquierdistas y anarquistas. La familia Matute se quedó en la ciudad durante los tres años de guerra. Los colegios privados se cerraron y la pequeña tuvo que estudiar con profesores privados. Los horrores de la guerra cambiaron la visión del mundo de la joven Matute, quien no podía entender la crueldad de la gente, que parecía contradecir totalmente los preceptos de la educación católica que había recibido. Esta época la llenó de confusión y tristeza.

Para escapar de la realidad de la guerra, Matute inició una revista para niños, *La Revista de Shybil*. Ella trabajó como editora, productora, escritora y diseñadora,

Matute compartió su niñez entre Madrid, Mansilla de la Sierra y Barcelona. Durante los años de guerra, la joven escritora vivió en este barrio burgués y moderno de Barcelona, el Eixample. Es un barrio lleno de edificios de gran riqueza arquitectona como los que se pueden ver en esta foto.

y se encargó de distribuir la revista entre sus amigos y parientes. A través de esta revista, Matute vivió inmersa en un mundo fantástico a la vez que huía del mundo de los adultos. Éste fue uno de los pocos placeres de los que ella disfrutó durante los años de guerra.

La posguerra

Con el establecimiento de la dictadura de Francisco Franco en 1939, la guerra se acabó pero las dificultades para la población continuaron. La censura y la represión del pensamiento libre hicieron difícil, casi imposible, encontrar libros extranjeros y estudiar ideologías distintas de las del gobierno del país. A causa de este fenómeno, los españoles perdieron interés en la lectura. No quedaba casi ningún círculo intelectual de los que había en los años anteriores a la guerra. La literatura extranjera era ilegal y difícil de conseguir, y sólo unas pocas personas, como Ana María Matute, tenían el privilegio de acceder a ella.

Matute volvió a estudiar en una escuela después de la guerra, pero sólo por dos años. En el año 1941, dejó la educación de la escuela para dedicarse a la literatura, que desde muy temprana edad ella supo que iba a ser su carrera preferida. En el año 1942, publicó su primer cuento, "El chico de al lado", en la revista barcelonesa *Destino*.

En esa época, Matute entró en contacto con un pequeño círculo de jóvenes artistas. Entre ellos se encontraban intelectuales de la talla de Juan Goytisolo y Carlos Barral, figuras que se contarían entre las más importantes dentro del mundo literario en la Barcelona de la posguerra. Matute compartía con ellos la pasión por la literatura, una personalidad poco conformista y el sentimiento de haber sido traicionada por los horrores de la guerra.

Obra temprana

Los años más importantes para la gestación de la obra literaria de Matute ya habían pasado a principios de los años cuarenta. Como se puede ver a través de su obra, la escritora muestra un especial interés por la vida del niño y del adolescente. En su vida adulta, Matute siguió interesada en la presentación de los problemas que se viven en la infancia.

Su primera novela disfrutó de bastante éxito. *Los Abel*, novela que ella escribió en el año 1945, fue nominada para el prestigioso premio Nadal. Matute ganó su primer premio, el de "Tertulia Café del Turia" por el cuento "No hacer nada" en 1951.

Al año siguiente, Matute escribió la aclamada *Fiesta al noroeste*, novela que supuso otro premio para la escritora. Ese mismo año se casó con Ramón Eugenio de Goicoechea. Su marido también era escritor, pero pronto las relaciones de la pareja se deterioraron. El matrimonio duró unos once años, una época poco feliz para la escritora, de la cual no suele hablar.

A pesar de sus dificultades, Matute y su marido tuvieron un hijo, Juan Pablo, en 1954. La familia se trasladó a Madrid, donde Matute conoció a muchos escritores importantes del momento y continuó su carrera literaria.

Años de creación literaria bajo el franquismo

En los años siguientes, Matute escribió novelas, cuentos, y obras juveniles. Entre las novelas publicadas se encuentra *En esta tierra*, una versión censurada de su obra *Las luciérnagas*. Matute no publicó *En esta tierra* en la edición de su obra completa, por considerar que la novela había sufrido demasiadas transformaciones de su versión original. La escritora no consiguió publicar *Las luciérnagas* hasta el año 1993, casi veinte años después del final del régimen represivo de Franco.

A pesar de la represión, Matute seguía escribiendo de una forma sutil su crítica hacia la violencia y la hipocresía de la España de la época. Publicó algunas colecciones de cuentos en la década de los cincuenta,

En esta foto, Matute va acompañada por su hijo, Juan Pablo.

entre las cuales figuran *Los niños tontos* (1956) y *El tiempo* (1957). En el género de la literatura juvenil, Matute publicó *El país de la pizarra* en 1956. Al publicar su novela *Los hijos muertos* en 1958, la escritora ganó el Premio de la Crítica y el Premio Nacional de Literatura Miguel de Cervantes.

La crítica continuó su reconocimiento de Matute cuando ella publicó la primera parte de su trilogía *Los mercaderes*. Esta obra, *Primera memoria*, ganó el Premio Nadal de 1959. La década de los sesenta fue otra época muy productiva para la escritora. Entre las obras más conocidas están las colecciones de cuentos *El arrepentido y otras narraciones* (1961), *Historias de la Artámila* (1961) y *Algunos muchachos* (1968). De importancia también son sus obras juveniles, entre ellas, *Caballito loco* (1961), *Carnavalito* (1961) y *El saltamontes verde* (1961). En esta década salió la segunda parte de *Los mercaderes,* la llamada *Los soldados lloran de noche* (1964). Esta novela disfrutó de mucho éxito y ganó el Premio Fastenrath de la Real Academia de la Lengua Española en 1968. En 1969, Matute publicó la parte final de la trilogía, *La trampa*.

Durante la década de los sesenta, Matute viajó con frecuencia a varios países europeos. Su obra fue traducida al francés, al italiano y al inglés. En 1963, se separó de su marido y fue por primera vez a los Estados Unidos, donde dio conferencias y enseñó en varias universidades. Cuando volvió a España a finales de la década, se trasladó a Sitges, un pueblo de la costa catalana.

Durante la década de los setenta, Matute editó su *Obra completa*, una antología de cinco volúmenes. Matute, que siempre había sufrido de una salud débil, se quedó fuera del movimiento literario cuando Francisco Franco murió en 1975.

Durante los años siguientes, Matute publicó muy pocas obras. En 1990 publicó una colección de cuentos, *La Virgen de Antioquia y otros relatos*. Como ya hemos mencionado, la novela *Las luciérnagas* apareció en su forma original en el año 1993. Desde entonces han sido publicados los cuentos "De ninguna parte" (1993), "El verdadero final de la bella durmiente" (1995) y "Casa de juegos prohibidos" (1996). También en 1996, publicó la novela *Olvidado rey de Gudú*. En la actualidad Matute sigue viviendo en España, donde suele dar charlas y conferencias.

Cronología

1926—Ana María Matute nace el 26 de julio en Barcelona, España.

1930–1936—A causa de su débil salud, pasa mucho tiempo con sus abuelos en Mansilla de la Sierra.

1936–1939—La Guerra Civil española.

1942— "El chico de al lado", su primer cuento, aparece en *Destino*.

1948—*Los Abel*, su primera novela, sale a la luz.

1952—*Fiesta al noroeste* gana el Premio Café Gijón. Se casa con Ramón Eugenio de Goicoechea.

1954—Nace su primer hijo, Juan Pablo. Gana el Premio Planeta con *Pequeño teatro*.

1955—*En esta tierra*, versión censurada de su novela, *Las luciérnagas*.

1956— "Los cuentos vagabundos". Colección de cuentos *Los niños tontos*. *El país en la pizarra*, su primera obra juvenil.

1957—*El tiempo*, una colección de cuentos.

1958—*Los hijos muertos*.

1959—*Primera memoria*, el primer libro de la trilogía *Los mercaderes*.

1961—*El aprendiz. El arrepentido y otras narraciones. Caballito loco. Carnavalito. Historias de la Artámila. Libro de juegos para los niños de los otros. A la mitad del camino. El saltamontes verde. Tres y un sueño.* Matute empieza a viajar por Europa.

1963—*El río*, una colección de memorias de su infancia.

1964—*El polizón de "Ulises". Los soldados lloran de noche*, segunda parte de la trilogía *Los mercaderes*. Viaja a los Estados Unidos para dar conferencias en algunas universidades.

1965—Gana el Premio Nacional Lazarillo con *El polizón de "Ulises"*. Se separa de su marido y sigue viajando por Europa y los Estados Unidos.

1966—Vuelve a Barcelona.

1968—Gana el Premio Fastenrath de la Real Academia de la Lengua Española por *Los soldados lloran de noche. Algunos muchachos*. Matute se establece en Sitges, Cataluña.

1969—*La trampa*, tercera novela de la trilogía *Los mercaderes*. Vuelve a los Estados Unidos.

1971—*La torre vigía*.

1975—Muere el dictador Francisco Franco. España entra en una transición política.

1976—*Obra completa*.

1978—En España se establece la democracia en forma de una monarquía parlamentaria.

1990—*La Virgen de Antioquía y otros relatos*.

1993—*Las luciérnagas*, novela que había sido censurada por el régimen de Franco.

Características y temas de la obra de Matute

Una escritora de la posguerra

La obra de Ana María Matute está basada con frecuencia en la vida de la escritora. Los temas esenciales de su obra, sobre todo los relacionados con la niñez y el ambiente de la guerra civil, son un reflejo de sus experiencias personales en esos duros años. En España, muchos de los escritores de esa época comparten un estilo realista, muchas veces crítico de la sociedad. La obra de Matute no está, sin embargo, tan cargada políticamente como la de sus compañeros de generación Juan García Hortelano, Antonio Ferrés y Juan Goytisolo. Y aunque Matute transmite una visión crítica de la realidad española, lo hace a través de un estilo íntimo y personal, poniendo gran énfasis en las emociones de los personajes. Comparte con los escritores de su época los sentimientos originados por la guerra, pero difiere en su manera de presentarlos.

Los niños

Como ya se ha mencionado en su biografía, a Matute le fascinaba la niñez. Esta época de inocencia es la protagonista de la mayoría de su obra. El mundo visto a través de los ojos de un niño es la perspectiva que Matute suele utilizar en su escritura. Los niños por los

Esta foto demuestra la actividad de algunos niños ingleses que se preparan para un ataque aéreo durante la segunda guerra mundial. La obra de Matute está llena de imágenes parecidas a ésta, porque la vida de la autora sufrió un cambio considerable al haber experimentado la guerra civil española cuando era niña.

que ella muestra mayor interés son los que están un poco aislados y que viven como si estuvieran encerrados en su propio mundo. Son con frecuencia huérfanos, como es el caso de Matia en *Primera memoria*, o son poco populares entre sus compañeros de clase, como "La niña fea", o son niños que simplemente no entienden el mundo de los mayores, como Juan en "Algunos muchachos".

De todas maneras, los niños característicos de la obra de Matute ayudan a presentar uno de sus temas más importantes: la soledad. Temerosos del futuro y alejados de la sociedad, son figuras casi patéticas en su soledad. Son personajes perdidos e incomprendidos, rasgos comunes dentro de la sociedad española finalizada la guerra civil.

La violencia

Otro rasgo que se relaciona con la guerra civil es la apariencia recurrente de los hermanos Caín y Abel. Por ejemplo, el mismo título de su primera novela, *Los Abel*, hace alusión a esta historia bíblica del fratricidio. Igualmente, el cuento "Algunos muchachos" contiene muchas imágenes de Caín y Abel, como la marca de Caín, presentada en la apertura de la colección.

La violencia en la obra de Matute está tan presente en los personajes adultos como en los infantiles. Los niños, aunque inocentes, demuestran rasgos crueles, como Borja en *Primera memoria* y como los niños que matan al hijo en "El hijo de la lavandera". Las acciones de estos niños sugieren que la violencia humana es algo innato, presente aun en los más inocentes.

La muerte y la fantasía

La muerte está presente en casi todas las historias de Matute. Al igual que la violencia, el tema de la muerte aparece tanto en los niños como en los adultos. Para Matute, la muerte puede ser triste, violenta, interesante, justificada, incluso glorificante. Jeza en *Los soldados lloran de noche*, por ejemplo, es un héroe comunista martirizado a manos de los nacionales. En otro ejemplo, "La niña fea", la niña sólo encuentra alegría después de que "…le pusieron flores de espino en la cabeza, flores de trapo y de papel rizado en la boca," acto tradicional en los funerales de los niños en Castilla.

Matute suele sugerir la muerte en vez de presentarla directamente. La muerte es muchas veces mística y vaga y está conectada a otro de los temas importantes de Matute, la fantasía. En "El niño que encontró un violín en el granero", el niño se transforma en un muñeco después de dar su voz a un violín. El cuento es una fantasía, y el destino del niño-muñeco es desconocido. En "Algunos muchachos", los niños se pelean y caen al río, pero es difícil saber si era la historia verdadera o si era una alucinación creada por su experimentación con las drogas. En "La felicidad" está presente otra perspectiva de la muerte, donde la madre sobreviviente entra en un mundo de fantasía total, negando la muerte de su hijo y fingiendo que el niño regresará algún día.

Los personajes reaccionan muchas veces negando la muerte, rechazando la realidad de sus vidas. Este hecho puede reflejar una reacción de la escritora ante las muertes incomprensibles que ella misma presenció durante la guerra civil. Al igual que un niño, cuya mente no comprende la muerte, inventa historias para explicarla. De todas maneras, según los hechos de su biografía, la fantasía ha sido una manera de evadir la realidad, no sólo para la escritora, sino también para sus personajes.

Las imágenes

Para desarrollar sus temas, Matute emplea algunas imágenes recurrentes. Una de éstas es el uso de los ojos para presentar un personaje. Matute suele describir las caras y los ojos de sus protagonistas, como si los ojos

Matute suele usar imágenes del campo español para enriquecer su obra. En esta foto aparece una granja en La Rioja, región donde vivió Matute con sus abuelos durante algunos veranos de su niñez.

fueran una ventana desde donde se ve la personalidad y el alma de la persona. Se puede ver la importancia de los ojos en obras como "El niño que encontró un violín en el granero", donde los ojos expresivos del niño Zum-Zum dan miedo a su hermano mayor y expresan emociones profundas.

La obra de Matute está también repleta de referencias al bosque, al río y al campo, imágenes importantes de la España rural en la que Matute pasó sus años de inocencia previos a la guerra civil. Los personajes campesinos también colaboran en la recreación del ambiente rural que aparece en la mayoría de su obra.

Otra imagen que Matute suele usar es la del teatro de títeres. Así se pueden recrear situaciones de control y sumisión, presentes con frecuencia en su obra y que hacen referencia a la realidad social de la España de la época.

Las imágenes y los temas presentes en la obra de Matute reflejan las experiencias y creencias personales de la escritora además de ofrecer una visión intimista de la vida en España durante y después de la guerra civil.

de *Los niños tontos*

La niña fea

La protagonista de este cuento es una de las imágenes más comunes de la obra de Matute: una niña aislada. Otra imagen interesante, la costumbre de poner flores en la boca de los niños que mueren, es típica de la región de Castilla donde Matute pasó muchos años de su infancia.

La niña tenía la cara oscura y los ojos como endrinas.[1] La niña llevaba el cabello partido en dos **mechones**,[2] **trenzados**[3] a cada lado de la cara. Todos los días iba a la escuela, con su cuaderno lleno de letras y la manzana brillante de la merienda.[4] Pero las niñas de la escuela le decían: "Niña fea"; y no le daban la mano, ni se querían poner a su lado, ni en la rueda ni en la comba:[5] "Tú vete,

---

[1] endrinas—sloes; tart wild cherries that are blue-black in color.

[2] **mechones**—locks.

[3] **trenzados**—braided.

[4] merienda—snack.

[5] la comba—jump-rope game.

niña fea". La niña fea se comía su manzana, mirándolas desde lejos, desde las acacias,[6] junto a los rosales silvestres, las abejas de oro, las hormigas malignas y la tierra caliente de sol. Allí nadie le decía: "Vete". Un día, la tierra le dijo: "Tú tienes mi color". A la niña le pusieron flores de espino[7] en la cabeza, flores de **trapo**[8] y de papel rizado en la boca, cintas azules y moradas en las **muñecas**.[9] Era muy tarde. Era muy tarde, y todos dijeron: "Qué bonita es". Pero ella se fue a su color caliente, al aroma escondido, al dulce **escondite**[10] donde se juega con las sombras alargadas de los árboles, flores no nacidas y semillas de **girasol**.[11]

---

[6] acacias—acacias; any of various species of trees and shrubs native to warm climates, with yellow or white aromatic flowers and distinctive leafstalks.

[7] espino—hawthorn.

[8] **trapo**—rag.

[9] **muñecas**—wrists.

[10] **escondite**—hiding place.

[11] **girasol**—sunflower.

PRELIMINAS

1. ¿Cómo era la protagonista del cuento?

2. ¿Dónde se comía la niña su manzana y por qué?

3. Explica qué le ocurrió a la niña al final del relato.

4. Según tu opinión, ¿qué significa este final?

El niño que era amigo del demonio

Este cuento describe la relación de un niño con el demonio, por quien siente compasión al saber que todos lo odian. La simpatía que los protagonistas sienten hacia los desterrados puede provenir de la niñez de Matute, durante la cual ella experimentó los horrores de la guerra civil española.

Todo el mundo, en el colegio, en la casa, en la calle, le decía cosas crueles y feas del demonio, y él le vio en el infierno de su libro de doctrina, lleno de fuego, con **cuernos**[1] y **rabo**[2] **ardiendo,**[3] con cara triste y solitaria, sentado en la caldera.[4] "Pobre demonio —pensó—, es como los judíos, que todo el mundo les echa de su tierra." Y, desde entonces, todas las noches decía: "Guapo, hermoso, amigo mío" al demonio. La madre,

---

[1] **cuernos**—horns.
[2] **rabo**—tail.
[3] **ardiendo**—burning.
[4] caldera—caldron; boiler.

que le oyó, se santiguó[5] y encendió la luz: "Ah, niño tonto, ¿tú no sabes quién es el demonio?". "Sí —dijo él—, sí: el demonio **tienta**[6] a los malos, a los crueles. Pero yo, como soy amigo suyo, seré bueno siempre, y me dejará ir tranquilo al cielo."

---

[5] se santiguó—made the sign of the cross, a Catholic ritual.

[6] **tienta**—tempts.

PREGUNTAS

1. ¿Por qué el niño se hizo amigo del demonio?

2. Explica la referencia a los judíos que se hace en el cuento.

3. Comenta con tus propias palabras el razonamiento que hace el niño para explicar su amistad con el demonio.

Polvo de carbón

Este cuento trágico, inspirado en un famoso poema de Federico García Lorca, uno de los autores favoritos de Ana María Matute, cuenta la historia de una niña, hija de un vendedor de carbón, que muere ahogada en el intento de atrapar el reflejo de la luna.

La niña de la carbonería[1] tenía **polvo**[2] negro en la frente, en las manos y dentro de la boca. Sacaba la lengua al trozo de espejo que colgó en el pestillo[3] de la ventana, se miraba el paladar,[4] y le parecía una capillita[5] **ahumada**.[6] La niña de la carbonería abría el **grifo**[7] que siempre tintineaba, aunque estuviera cerrado, con una perlita tenue. El agua salía fuerte, como **chascada**[8] en mil

---

[1] carbonería—coal shed.

[2] **polvo**—dust.

[3] pestillo—bolt.

[4] paladar—palate; roof of the mouth.

[5] capillita—little chapel.

[6] **ahumada**—smoked.

[7] **grifo**—tap.

[8] **chascada**—shattered.

cristales contra la **pila**[9] de piedra. La niña de la carbonería abría el grifo del agua los días que entraba el sol, para que el agua brillara, para que el agua se triplicase en la piedra y en el trocito de espejo. Una noche, la niña de la carbonería despertó porque oyó a la luna **rozando**[10] la ventana. Saltó precipitadamente del **colchón**[11] y fue a la pila, donde a menudo se reflejaban las caras negras de los carboneros. Todo el cielo y toda la tierra estaban llenos, **embadurnados**[12] del polvo negro que se filtra por debajo de las puertas, por los **resquicios**[13] de las ventanas, mata a los pájaros y entra en las bocas tontas que se abren como capillitas ahumadas. La niña de la carbonería miró a la luna con gran envidia. "Si yo pudiera meter las manos en la luna", pensó. "Si yo pudiera lavarme la cara con la luna, y los dientes, y los ojos." La niña abrió el grifo, y, a medida que el agua subía, la luna bajaba, bajaba, hasta **chapuzarse**[14] dentro. Entonces la niña la imitó. Estrechamente abrazada a la luna, la madrugada vio a la niña en el fondo de la **tina**.[15]

---

[9] **pila**—sink.
[10] **rozando**—rubbing against, touching lightly in passing.
[11] **colchón**—mattress.
[12] **embadurnados**—smeared.
[13] **resquicios**—cracks, chinks.
[14] **chapuzarse**—ducking, taking a quick dip.
[15] **tina**—bathtub.

PREGUNTAS

1. ¿Cómo era la carbonería?

2. ¿Por qué la niña quería meter las manos en la luna?

3. ¿Por qué el relato se titula "Polvo de carbón"?

4. ¿Cuál es el desenlace del cuento?

5. ¿Qué reacción te causa y cuál es tu opinión sobre el final del cuento?

El incendio

En este cuento Ana María Matute vuelve a retomar el tema de la imaginación infantil en un relato sobrenatural donde es difícil diferenciar entre realidad y ficción. El suceso fantástico en este cuento se produce en el ambiente del hogar y el elemento realista se consigue a través de la pintura.

El niño cogió los lápices color naranja, el lápiz largo amarillo y aquél por una punta azul y la otra rojo. Fue con ellos a la **esquina,**[1] y se tendió en el suelo. La esquina era blanca, a veces la mitad negra, la mitad verde. Era la esquina de la casa, y todos los sábados la encalaban.[2] El niño tenía los ojos irritados de tanto blanco, de tanto sol cortando su mirada con **filos**[3] de cuchillo. Los lápices del niño eran naranja, rojo, amarillo y azul. El niño **prendió fuego**[4] a la esquina con sus

---

[1] **esquina**—street corner.

[2] encalaban—whitewashed.

[3] **filos**—edges.

[4] **prendió fuego**—set fire.

colores. Sus lápices —sobre todo aquel de color amarillo, tan largo— se prendieron de los postigos[5] y las contraventanas, verdes, y todo **crujía,**[6] brillaba, se trenzaba. **Se desmigó**[7] sobre su cabeza, en una hermosa lluvia de **ceniza,**[8] que **le abrasó.**[9]

---

[5] postigos—interior window shutters.

[6] **crujía**—crackled.

[7] **Se desmigó**—it crumbled.

[8] **ceniza**—ash.

[9] **le abrasó**—burned him.

PREGUNTAS

1. ¿Qué significa la frase: "El niño tenía los ojos irritados de tanto blanco"?

2. ¿Qué simboliza el incendio en esta historia?

3. Relaciona el mundo de fantasía presente en otras historias de la autora con este relato.

El niño que encontró un violín en el granero

Este cuento narra la historia de un niño mudo, Zum-Zum, que busca su propia voz y la encuentra en un instrumento musical. Al final del cuento el niño muere, al igual que la protagonista de "Polvo de carbón". El motivo de la búsqueda de la voz o la vista aparece frecuentemente en la obra de Matute.

Entre los hijos del granjero había uno de largos cabellos **dorados**,[1] curvándose como virutas[2] de madera. Nadie le oyó hablar nunca, pero tenía la voz hermosa, que no decía ninguna palabra, y, sin embargo, se doblaba como un junco,[3] se tensaba como la cuerda de un arco, caía como una piedra, a veces; y otras parecía el **ulular**[4] del viento por el borde de la montaña.

---

[1] **dorados**—golden.
[2] virutas—shavings.
[3] junco—reed.
[4] **ulular**—wailing.

A este niño le llamaban Zum-Zum. Nadie sabía por qué, cómo, quizás, ni la misma granjera —siempre **atareada**[5] de un lado para otro, siempre con las manos ocupadas— sabía cuándo llegó el muchacho al mundo. Zum-Zum no hacía caso de nadie. Si le llamaban los niños, **se alejaba**,[6] y los niños pensaban que creció demasiado para unirse a sus juegos. Si los hermanos mayores le requerían, también Zum-Zum se alejaba, y todos pensaban que aún era demasiado pequeño para el trabajo. A veces, entre sus **quehaceres**,[7] la granjera levantaba la cabeza y le veía pasar, como el rumor de una hoja. Se fijaba en sus pies sin zuecos,[8] y se decía: "Cubriré esos pies **heridos**.[9] Debo cubrirlos, para que no los corte la escarcha,[10] ni los enlode[11] la lluvia, ni los **muerdan**[12] las piedras". Pero luego Zum-Zum se alejaba, y ella olvidaba, entre tantos muchachos, a cuál debía comprar zuecos. Si se ponía a contarlos con los dedos, las cuentas salían mal al llegar a Zum-Zum: ¿entre quiénes nació?, ¿entre Pedro y Juan?, ¿entre Pablo y José? Y la granjera empezaba de nuevo sus cuentas, hasta que llegaba el olor del **horno**,[13] y corría precipitadamente a la cocina.

Una tarde, Zum-Zum subió al **granero**.[14] Fuera había llovido, pero dentro se paseaba el sol. Al borde de la ventana vio **gotitas**[15] de agua, que brillaban y caían, con tintineo que le llenó de tristeza. Había también una

---

[5] **atareada**—busy.
[6] **se alejaba**—he distanced himself.
[7] **quehaceres**—chores.
[8] zuecos—clogs, wooden shoes.
[9] **heridos**—wounded.
[10] escarcha—frost.
[11] enlode—cover with mud.
[12] **muerdan**—bite.
[13] **horno**—oven.
[14] **granero**—barn used for storing grains.
[15] **gotitas**—little drops.

jaula[16] de hierro, y dentro un **cuervo**,[17] atrapado por los muchachos mayores. El cuervo negro empezó a saltar, muy agitado, al verle. En una esquina dormía el perro, que levantó una oreja.

—¡Ya está aquí! —**chilló**[18] el cuervo, **desesperado**—.[19] ¡Ya está aquí, para mirar y escuchar!

—Nació una tarde como ésta —dijo el perro, en cuyo **lomo**[20] había muchos pelos blancos.

Zum-Zum miró **en derredor**[21] con sus claros y **hondos**[22] ojos, y luego empezó a buscar algo. Sabía que debía buscar algo. Había **mazorcas**[23] de maíz y manzanas, pero él buscaba en los rincones oscuros. Al fin lo encontró. Y, a pesar de que su corazón se llenaba de una gran melancolía, lo tomó en sus manos. Era un viejo violín, lleno de polvo, con las **cuerdas**[24] rotas.

—De nada sirve el violín, si no tiene voz —dijo el cuervo, saltando y **golpeándose**[25] con los **barrotes**.[26]

Zum-Zum se sentó para **anudar**[27] las cuerdas, que **se retorcían**[28] **hurañamente**.[29]

—No te hagas daño, niño —dijo el perro—. El violín perdió su voz hace unos años, y tú apareciste en la granja, pobre niño tonto. Lo recuerdo, porque soy viejo y mi lomo está cubierto de pelos blancos.

---

[16] **jaula**—cage.

[17] **cuervo**—raven.

[18] **chilló**—screeched.

[19] **desesperado**—desperate, frantic.

[20] **lomo**—back.

[21] **en derredor**—around.

[22] **hondos**—deep.

[23] mazorcas—ears.

[24] **cuerdas**—strings.

[25] **golpeándose**—banging himself against.

[26] **barrotes**—bars.

[27] **anudar**—to tie together.

[28] **se retorcían**—were twisting.

[29] **hurañamente**—shyly.

El cuervo estaba enfadadísimo:

—¿Para qué sirve? Es grande para jugar, es pequeño para el trabajo. Como persona, no sirve para gran cosa.

El perro bostezó, **se lamió**[30] tristemente las **patas**[31] y miró hacia Zum-Zum, con ojos llenos de fatalidad.

Zum-Zum arregló las cuerdas del violín, y bajó la escalera. El perro le siguió.

Abajo, en el patio, estaban reunidos todos los muchachos y muchachas de la granja. Al ver a Zum-Zum las muchachas dijeron:

—¡Canta, niño tonto! Canta, que queremos escucharte.

Pero Zum-Zum no abrió los labios, de pronto cerrados, como una pequeña **concha**[32] rosada y dura. Dio el violín al hermano mayor, y esperó. Miraba con ojos como **pozos**[33] hondos y muy claros. El hermano mayor dijo:

—No me mires, niño tonto. Tus ojos me hacen daño.

Sentían tal deseo de oír música que, con pelos de la **cola**[34] del caballo, el hermano mayor hizo un arco. También el caballo clavó en él sus ojos, negros y redondos. Y eran **suplicantes**,[35] como los del niño y como los del perro. Parecían decir. "¡Oh, si no hicieras eso! Pero es preciso, es fatal, que lo hagas".

El hermano se fue de aquellos ojos, y empezó a tocar el violín. Salió una música **aguda**,[36] una música terrible. Al hermano mayor le pareció que el violín se llenaba de vida, que cantaba por su propio gusto.

—¡Es la voz de Zum-Zum, del pobre niño tonto! —dijeron las muchachas.

---

[30] **se lamió**—licked himself.

[31] **patas**—legs, paws.

[32] **concha**—shell.

[33] **pozos**—wells.

[34] **cola**—tail.

[35] **suplicantes**—pleading.

[36] **aguda**—sharp, high-pitched.

Todos miraron al niño tonto. Estaba en el centro del patio, con sus pequeños labios duros y rosados, totalmente cerrados. El niño levantó los brazos y cada uno de sus dedos brillaba bajo el **pálido**[37] sol. Luego se curvó, se dobló de rodillas y cayó al suelo.

Corrieron todos a él, **rodeándole**.[38] **Le cogieron**.[39] Le tocaron la cara, los cabellos de color de **paja**,[40] la boca cerrada, los pies y las manos, blandos.

En la ventana del granero, el cuervo, dentro de su jaula, **aleteaba**[41] furiosamente. Pero una risa **ronca**[42] le agitaba.

—¡Oh! —dijeron todos, con desilusión—. ¡Si no era un niño! ¡Si sólo era un muñeco!

Y lo abandonaron. El perro lo cogió entre los dientes, y se lo llevó, lejos de la música y del tonto baile de la granja.

---

[37] **pálido**—pale.
[38] **rodeándole**—surrounding him.
[39] **Le cogieron**—they caught him.
[40] **paja**—straw.
[41] **aleteaba**—flapped.
[42] **ronca**—hoarse.

PREGUNTAS

1. ¿Cómo se describe al principio de este cuento al protagonista? ¿Por qué nadie entiende a Zum-Zum?

2. ¿Qué sucedió en el granero? ¿Qué encuentra allí el protagonista y qué hace con él?

3. Cuando el "hermano mayor" comienza a tocar el violín, ¿qué sucede? ¿Quién era Zum-Zum en realidad, un niño o un muñeco?

cuentos

de *Historias de la Artámila*

El incendio

Esta narración alucinante trata de un pobre muchacho de 16 años, habitante de un pueblo miserable, que se enamora de una actriz. Su pasión lo lleva a efectuar un acto criminal que, descrito por Matute, invoca la esperanza y la decepción.

Cuando apenas contaba cinco años destinaron a su padre a Pedrerías, y allí continuaba aún. Pedrerías era una aldea de piedra rojiza, en las **estribaciones**[1] de la sierra, más allá de los **pinares**:[2] al pie de las grandes rocas **horadadas**[3] por cuevas de grajos[4] y cuervos, con extraños gritos repitiéndose en las horas calmas de la siesta; como aplastada por un cielo **espeso**,[5] apenas sin nubes, de un azul cegador. Pedrerías era una tierra alejada, distinta, bajo los roquedales[6] que a la tarde

---

[1] **estribaciones**—foothills.

[2] **pinares**—pine groves.

[3] **horadadas**—pierced, penetrated.

[4] grajos—rooks.

[5] **espeso**—thick, dense.

[6] roquedales—rocky places.

cobraban un tono **amedrentado**,[7] bañados de oro y luces que huían. En la lejanía del camino había unos chopos[8] delgados y altos, que, a aquella hora, le hacían soñar. Pero su sueño era un sueño sobresaltado, como el lejano galope de los caballos o como el **fragor**[9] del río en el deshielo, amanecida la primavera. Pedrerías aparecía entonces a sus ojos como una tierra sorda, **sembrada**[10] de **muelas**.[11] Y le venían los sueños como un dolor incontenible: hiriendo, levantándole **terrones**[12] de carne con su **arado**[13] brutal.

En Pedrerías le llamaban "el maestrín",[14] porque su padre era el maestro. Pero ni él sería maestro ni nadie esperaba que lo fuese. Él era sólo un pobre muchacho inútil y desplazado: ni campesino ni de más allá de la tierra. Desde los ocho a los catorce años estuvo enfermo. Su enfermedad era mala y cara de remediar. El maestro no tenía dinero. De tenerlo no andaría aún por Pedrerías, perdiéndose en aquella oscuridad. Y tenía un **vicio**[15] terrible, que iba **hundiéndole**[16] día a día: siempre estaba **borracho**.[17] En Pedrerías decían que al principio no fue así; pero ya, al parecer, no tenía remedio. "El maestrín", en cambio, **aborrecía**[18] el vino: solamente su olor le daba vómitos. "El maestrín" amaba a su padre, porque aún estaban vivos sus recuerdos y no podía olvidar. A su memoria volvía el tiempo en que le sacaba en brazos afuera, al sol, y lo sentaba con infinito cuidado sobre la

---

[7] **amedrentado**—frightened, intimidated.

[8] chopos—black poplars.

[9] **fragor**—din, roar.

[10] **sembrada**—sowed, planted.

[11] **muelas**—grindstones.

[12] **terrones**—lumps.

[13] **arado**—plow.

[14] "el maestrín"—"the little master."

[15] **vicio**—vice, fault.

[16] **hundiéndole**—overwhelming him; ruining him.

[17] **borracho**—drunk.

[18] **aborrecía**—hated, abhorred.

tierra cálida, y le enseñaba el vuelo lejano de los grajos en torno a los **fingidos**[19] castillos de las rocas, entre gritos que el maestro le traducía, diciendo:

—*Piden agua, piden pan; no se lo dan. . .*

El maestro se reía, le ponía las manos en los hombros y le contaba historias. O le enseñaba el río, allá abajo. El sol brillaba alto, aún, y empezaba la primavera. El maestro le descubría las piernas y le decía:

—Que te dé el sol en las rodillas.

El sol bajaba hasta sus rodillas flacas y blancas, bruñidas y extrañas como pequeños cráneos de marfil. El sol le iba empapando, como un vino hermoso, hasta sus huesecillos de niño enfermo. Sí: el maestro no tenía dinero y sí el gran vicio de beber. Pero le sacaba al sol en brazos, con infinito cuidado, y le decía:

—*Piden agua, piden pan; no se lo dan. . .*

Los grajos se repetían, negros, lentos, con sus gritos espaciados y claros, en la mañana.

"El maestrín" no conoció a su madre, que, cuando llegaron a Pedrerías, ya había muerto. El maestro no tardó en **amistanzarse**[20] con Olegaria, la de los Mangarota, que iba a **asearles**[21] el cuarto y a encenderles la lumbre, y que acabó viviendo con ellos. Olegaria no era mala. Le contaba historias de brujas y le sacaba en brazos a la puerta trasera de la casa, contra el muro de piedras, cuando daba el sol. Y, con el líquido amarillo del **frasco**[22] con un fraile pintado, le daba **friegas**[23] en las piernas. Y cantaba, con su voz ronca:

—*San Crispín, San Valentín, triste agonía la del "colibrín"*[24]. . .

---

[19] **fingidos**—false.

[20] **amistanzarse**—to become friends with.

[21] **asearles**—to clean for them, to tidy up for them.

[22] **frasco**—flask, vial.

[23] **friegas**—rubs, little massages.

[24] *triste agonía la del "colibrín"*—the sad cry of the little hummingbird.

—Pero el párroco de La Central se enteró, y la sacó de allí. Desde entonces, vivían solos padre e hijo, en el cuarto, con su ventanuco[25] sobre el río. Olía mal, allí dentro, pero sólo lo notaba si salía al aire puro de la tarde, a mirar hacia los chopos del lejano sendero, con la luz huyendo hacia el otro lado de los roquedales.

Exactamente el día de su cumpleaños, por la tarde, los vio llegar. Estaba apoyado en la angarilla del huerto de los Mediavilla, cuando por el camino del puente aparecieron los dos carros. Sus ruedas se reflejaban con un brillo último, claro y extraño, en las aguas del río.

Al poco rato ya chillaban los niños. Llegaban los cómicos. "El maestrín" temía siempre la llegada de los cómicos. Le dejaban una tristeza pesada, como de miel.

A las afueras de Pedrerías se alzaba la casa de Maximiliano el Negro, que tenía mala fama de cuatrero, y a quien la Guardia Civil[26] había echado el ojo. Pero nunca se encontraron pruebas en contra, y Maximiliano vivía tan tranquilo, en su casa distante, con una vieja cuadra vacía, en la que se instalaba el "salón". En el "salón" se representaban las comedias, y, los domingos por la noche, se bailaba al son de una vieja guitarra. Como la luz era muy poca, colgaban grandes candiles de petróleo en las paredes.

Aquella noche, como de costumbre, "el maestrín" se sentó en la boca misma del escenario, simplemente **urdido**[27] con unas **colchas**[28] floreadas y pálidamente iluminado por el temblor de las luces llameando en las paredes. La comedia era extraña. Un teatro diminuto apareció tras el teatro grande, y unas pequeñas figuras de madera blanca o de cera, con largas pelucas muertas,

---

[25] ventanuco—variation of *ventana*; window.

[26] Guardia Civil—the Spanish Civil Force.

[27] **urdido**—woven.

[28] **colchas**—quilts.

representaban fragmentos de la Historia Sagrada.[29] Adán y Eva, blancos como cadáveres, movían rígidamente sus brazos al hablar de la manzana y del **pecado**.[30] Adán avanzaba hacia Eva, y, tras sus barbas de hombre muerto, decía con una rara voz de pesadilla:

—"Hermosa carne mía" . . .

"El maestrín" sintió un **escalofrío**[31] en la espalda. Eva, desnuda y blanca, con su larga cabellera humana, atroz, se movía en el escenario como dentro de un mágico ataúd de niño recién nacido. Toda su blancura era del color blanco de los **entierros**[32] de los niños.

Cuando aquello acabó se corrieron las cortinas,[33] que de nuevo se abrieron para la **rifa**.[34] Los objetos rifados eran una botella de coñac,[35] un juego de copas, y alguna otra cosa que no pudo ver. Porque de pronto la vio a ella. Ella: que lo llenaba todo.

Era alta, delgada, con el cabello de un rubio ceniciento sobre los hombros. Tenía la frente distinta. Algo raro había en su frente, que él no podía comprender, por más que la miraba fascinado. Acabó la rifa, se corrieron las cortinas y empezó el baile. En lugar de marcharse, como acostumbraba, se quedó. Con la esperanza de verla de cerca. Y la vio. Ella también bailaba.

Los **mozos**[36] de Pedrerías la sacaban a bailar, torpes y rientes, colorados, debajo de sus boinas.[37] Sentía un malestar agudo cada vez que veía las manazas de los

---

[29] Historia Sagrada—the "Sacred Story;" a reference to Adam and Eve and the biblical tale of the beginning of humankind.

[30] **pecado**—sin.

[31] **escalofrío**—shiver.

[32] **entierros**—burials.

[33] se corrieron las cortinas—they drew the curtains.

[34] **rifa**—raffle.

[35] coñac—cognac; a type of brandy distilled from white wine and produced in western France.

[36] **mozos**—young men.

[37] boinas—berets; flat, round hats.

campesinos sobre aquel cuerpo delgado. Una vez, pasó junto a él, y vio algo maravilloso: tenía la frente rodeada de estrellas.

Estuvo un rato quieto, apoyado en la pared. Llevaba el traje de los domingos, acababa de cumplir dieciséis años. Sentía un ahogo extraño, desconocido. No era de la tierra ni de la ciudad: era un ser aparente y desgraciado. Un enfermo. El hijo ignorante de un borracho. A veces leía libros, de los que había en un cajón debajo de la cama. Unos los entendía, a su modo. Otros, no los entendía, pero también le abrían puertas. Tal vez equivocadas, pero puertas. No entendía nada de la tierra ni de los árboles. Sólo sabía: *"Piden agua, piden pan; no les dan. . ."*

El "salón" de Maximiliano el Negro estaba lleno del polvo levantado por los pies de los bailarines. De pronto, se fue ella. Y le pareció que temblaban más que nunca las llamas de petróleo:

—¿Favor . . . ? —dijo, como oyó que pedían los otros.

Ella se volvió a mirarle, y sonrió. Luego, le tendió los brazos.

Danzaron unos minutos. Sintió que las manos le temblaban sobre aquel cuerpo fino, vestido de seda azul. Suponía que era seda, por lo suave. El cabello de ella, rubio, le **cosquilleaba**[38] la mejilla. Ella volvió el rostro y le miró de frente. La luz iba y venía, no se estaba quieta ni un segundo. La guitarra no se oía. Apenas un raro compás,[39] como un tambor sordo y lejano, marcaba un ritmo obsesivo, entre los empujones y las risas de los bailarines. Ella llevaba una diadema de brillantes[40] que refulgían cegadores, como llamas, al **vaivén**[41] de los pasos. También su voz era una voz irreal. Se le apretó la

---

[38] **cosquilleaba**—tickled.

[39] compás—musical beat, musical time.

[40] diadema de brillantes—a crown of jewels.

[41] **vaivén**—swinging, swaying.

garganta y tuvo prisa. Una prisa atroz, irreprimible, de que ocurrieran cosas: todas las cosas del mundo. Entonces, **inaplazablemente**,[42] sólo para ellos dos.

Ella lo facilitaba todo. Era sabia, antigua y reciente como el mundo.

—Tú no eres como esos zafios[43]. . .

Sonreía, a los vaivenes de la luz del candil alto, clavado en la pared como un **murciélago**.[44] Su mano, blanca y dura como una piedra del río, se había posado sobre su corbata de los domingos, grasienta y acartonada.

Salieron de allí. Un viento suave alegraba la noche. La taberna estaba abierta. A pesar de su repugnancia, bebieron unos vasos.

—Mañana te pago, Pedro. . .

Salieron de nuevo. El viento era caliente, ahora un viento dulce y **arrobado**,[45] espeso, como tal vez es el viento de la muerte. Era la noche de todas las cosas.

Allí estaba la era[46] de los Cibrianes, con su paja aún tendida en **gavillas**.[47] No sabía si aquello era amor o era una venganza. Contra la tierra, contra los gritos de los cuervos, contra sus rodillas de niño enfermo. No podía saberlo, pero sucedía. Y él deseaba que sucediera. No tenía miedo. Era algo fatal y repetido, eterno. Como el tiempo. Eso sí lo sabía.

Luego, ella le abandonó. Se fue de prisa, aunque él deseaba poderosamente retenerla allí, a su lado. No sabía por qué. Quizá para mirar al cielo alto y grande, tendidos en la paja. Pero ella se iba, clavándose de nuevo la diadema entre su cabello.

---

[42] **inaplazablemente**—unable to be postponed.

[43] zafios—uncouth people.

[44] **murciélago**—bat.

[45] **arrobado**—entranced.

[46] era—threshing floor.

[47] **gavillas**—sheaves (of straw or hay).

—Que me tengo que ir, que mañana nos vamos y hay que ir recogiendo. . .

"Que mañana nos vamos". De pronto, despertó. La vio irse, entre las sombras. No podía ser. No podía marcharse. Ahora, ya, los días serían distintos. Ya conocía, ya sabía otra cosa. Ahora, el tiempo sería duro, **dañino**.[48] Los sueños de la tarde serían unos sueños horribles, atroces.

Algo como un incendio se le subió dentro. Un infierno de **rencor**.[49] De rebeldía. "El maestrín, pobrecillo, que está enfermo. . . " ¿Adónde iba "el maestrín" con sus estúpidos cumpleaños sin sentido?

Los cómicos dormían en la misma casa de Maximiliano el Negro. Afuera, junto al **Puente**[50] del Cristo, estaban sus carros de ruedas grandes, que **girarían**[51] al borde del río, otra vez, a la madrugada, para irse de allí. Para irse de aquel mundo que ni los cómicos podían soportar más de una noche. El incendio crecía y se le subía a los ojos, como ventanas lamidas por el fuego.

Igual que los **zorros**,[52] traidores, conscientes de su maldad, se levantó. Por la puerta de atrás del "salón", se subía al cuartito de los **aperos**,[53] en el que guardaba Maximiliano el bidón del petróleo. Como una lagartija, pegado a la pared, se fue a por él.

El incendio se alzó rozando las primeras luces del alba. Salieron todos gritando, como locos. Iban medio vestidos, con la ceniza del alba en las caras aún sin despintar, porque el cansancio y la miseria son enemigos de la higiene. Junto al Puente del Cristo, los carros ardían, y uno de ellos se despeñaba hacia el río, como una tormenta de fuego.

---

[48] **dañino**—harmful.

[49] **rencor**—rancor; bitter resentment.

[50] **Puente**—bridge.

[51] **girarían**—would turn, would veer.

[52] **zorros**—foxes.

[53] **aperos**—farm tools.

Él estaba en el centro del puente, **impávido**[54] y blanco, como un álamo.[55] Iban todos gritando, con los cubos. La campana del pueblo, allá, sonaba, sonaba. Estaban todos medio locos, menos él.

Entonces la vio. Gritaba como un cuervo **espantoso**.[56] **Graznaba**[57] como un cuervo, como un grajo: **desmelenados**[58] los cabellos horriblemente amarillos; la diadema de estrellas falsas con un pálido **centelleo**;[59] el camisón arrugado, sucio, bajo la chaqueta; las piernas como de palo, como de **astilla**.[60] Aullaba al fuego, **despavorida**.[61] La luz del alba era cruel, y le mostró sus años: sus terribles años de vagabunda reseca. Sus treinta, o cuarenta o cien años (quién podría ya saberlo). La terrible vejez de los caminos en las mejillas hundidas, en el carmín **desportillado**,[62] como los muros del cementerio. Allí estaba: sin sueños, sin senderos de sueño, junto a los chopos de la lejanía. Se acercó a ella y le dijo:

—Para que no te fueras, lo hice. . .

Luego se quedó encogido, esperando. Esperando el grito que no llegaba. Sólo su mirada azul y opaca, y su boca abierta, como una cueva, en el centro de aquella aurora llena de humos y **rescoldos**.[63] Estaba ya apagado el fuego, y ella, como las otras, con un largo palo golpeaba las brasas. Se quedó con el palo levantado, mirándole boquiabierta, vieja y triste como el sueño. En el suelo estaba el cuerpecillo de Eva, entre la ceniza caliente.

---

[54] **impávido**—dauntless, fearless.

[55] álamo—poplar.

[56] **espantoso**—terrifying, shocking.

[57] **Graznaba**—she cawed, she croaked.

[58] **desmelenados**—dishevelled.

[59] **centelleo**—flash, sparkle.

[60] **astilla**—splinter.

[61] **despavorida**—terrified.

[62] **desportillado**—chipped, nicked.

[63] **rescoldos**—embers.

Calva[64] la cabeza, como una rodilla de niño enfermo. "No es combustible", pensó. Y se dio media vuelta, a esconderse bajo el puente.

Acababa de sentarse allí, rodeado por el gran eco del agua, cuando creyó oir los gritos de ella, arriba. A poco, unas piedras rodaron. Miré y vio cómo bajaban hacia él dos guardias civiles, con el tricornio[65] brillando lívidamente.

Bajo las rocas, un cuervo volaba, extraño a aquella hora. Un cuervo despacioso, lento, negro.

—*Piden agua, piden pan; no les dan. . .*

---

[64] **Calva**—bald.

[65] tricornio—tricorn; three-cornered hat worn by the Guardia Civil.

PREGUNTAS

1. ¿Qué papel juega el cuervo en este cuento? ¿Qué puede simbolizar?

2. Describe el lugar donde se ubica este cuento. ¿Por qué crees que Matute eligió este escenario?

3. ¿Cómo afectan las canciones intermitentes al tono del cuento? ¿Cuál es su función literaria?

La felicidad

Este cuento recuerda el film "Psycho" del director británico Alfred Hitchcock. Un doctor rural que llega a un pueblo no tiene otra opción que hospedarse en la casa de una loca. En este relato, Matute describe la bondad de una pobre madre que se vuelve loca al perder a su hijo adolescente. A medida que avanza la narración, queda claro que no es fácil distinguir entre la realidad y la imaginación.

Cuando llegó al pueblo, en el auto de línea,[1] había ya anochecido. El **regatón**[2] de la **cuneta**[3] brillaba como espolvoreado de estrellas diminutas. Los árboles, desnudos y negros, crecían hacia un cielo gris azulado, transparente.

El auto de línea paraba justamente frente al cuartel de la Guardia Civil. Las puertas y las ventanas estaban cerradas. Hacía frío. Solamente una **bombilla**,[4] sobre la inscripción de la puerta, emanaba un **leve**[5] resplandor.

---

[1] auto de línea—bus, stagecoach.

[2] **regatón**—tip.

[3] **cuneta**—ditch.

[4] **bombilla**—light bulb.

[5] **leve**—faint, weak.

Un grupo de mujeres, el **cartero**[6] y un guardia, esperaban la llegada del correo. Al descender notó crujir la escarcha bajo sus zapatos. El frío mordiente se le pegó a la cara.

Mientras bajaban su maleta de la baca,[7] se le acercó un hombre.

—¿Es usted don Lorenzo, el nuevo médico? —le dijo.

Asintió.

—Yo, Atilano Ruigómez, alguacil,[8] para servirle.

Le cogió la maleta y echaron a andar hacia las primeras casas de la aldea. El azul de la noche naciente empapaba las paredes, las piedras, los **arracimados**[9] tejadillos.[10] Detrás de la aldea se alargaba la **llanura**,[11] levemente ondulada, con pequeñas luces zigzagueando en la lejanía. A la derecha, la sombra oscura de los pinares. Atilano Ruigómez iba con paso rápido, junto a él.

—He de decirle una cosa, don Lorenzo.

—Usted dirá.

—Ya le hablarían a usted de lo mal que andaba la cuestión del **alojamiento**.[12] Ya sabe que en este pueblo, por no haber, ni **posada**[13] hay.

—Pero, a mi me dijeron...

—¡Sí, le dirían! Mire usted: nadie quiere alojar a nadie en casa, ni en tratándose del médico. Ya sabe: andan malos tiempos. Dicen todos por ahí que no se pueden **comprometer**[14] a dar de comer... Nosotros nos

---

[6] **cartero**—postman.

[7] baca—baggage rack atop a vehicle.

[8] alguacil—warrant officer; a subordinate who executes the mayor's orders.

[9] **arracimados**—clustered.

[10] tejadillos—from *tejados*; roofs.

[11] **llanura**—prairie.

[12] **alojamiento**—lodging.

[13] **posada**—inn.

[14] **comprometer**—compromise.

arreglamos con cualquier cosa: un trozo de cecina, unas patatas. . . Las mujeres van al trabajo, como nosotros. Y en el invierno no faltan ratos malos para ellas. Nunca se están de vacío. Pues eso es: no pueden andarse preparando **guisos**[15] y comidas para uno que sea de compromiso. Ya ni cocinar deben saber. . . Disculpe usted, don Lorenzo. La vida se ha puesto así.

—Bien, pero en alguna parte he de vivir. . .

—¡En la calle no se va usted a quedar! Los que se avinieron a tenerle en un principio se volvieron atrás, a última hora. Pero ya se andará. . .

Lorenzo se paró **consternado**.[16] Atilano Ruigómez, el alguacil del Ayuntamiento, se volvió a mirarle. ¡Qué joven le pareció, de pronto, allí, en las primeras piedras de la aldea, con sus ojos redondos de **gorrión**,[17] el pelo rizado y las manos metidas en los bolsillos del **gabán**[18] **raído**![19]

—No se me altere. . . Usted no se queda en la calle. Pero he de decirle: de momento, sólo una mujer puede alojarle. Y quiero advertirle, don Lorenzo: es una pobre loca.

—¿Loca . . . ?

—Sí, pero inofensiva. **No se apure**.[20] Lo único que es mejor advertirle, para que no le choquen a usted las cosas que le diga. . . Por lo demás, es limpia, pacífica, y muy arreglada.

—Pero loca . . . , ¿qué clase de loca?

—Nada de importancia, don Lorenzo. Es que . . . ¿sabe? Se le ponen "humos" dentro de la cabeza, y dice **despropósitos**.[21] Por lo demás, ya le digo: es de

---

[15] **guisos**—stews.

[16] **consternado**—disturbed, dismayed.

[17] **gorrión**—sparrow.

[18] **gabán**—coat.

[19] **raído**—threabare, worn out.

[20] **No se apure**—don't worry.

[21] **despropósitos**—absurdities, nonsense.

buen trato.[22] Y como sólo será por dos o tres días, hasta que se le encuentre mejor acomodo. . . ¡No se iba usted a quedar en la calle, con una noche así, como se prepara!

La casa estaba al final de una callecita **empinada.**[23] Una casa muy pequeña, con un balconcillo de madera quemada por el sol y la nieve. Abajo estaba la cuadra, vacía. La mujer bajó a abrir la puerta, con un candil[24] de petróleo en la mano. Era menuda, de unos cuarenta y tantos años. Tenía el rostro **ancho**[25] y **apacible,**[26] con los cabellos ocultos bajo un pañuelo anudado a la **nuca.**[27]

—Bienvenido a esta casa —le dijo. Su sonrisa era dulce.

La mujer se llamaba Filomena. Arriba, junto a los **leños**[28] encendidos, le había preparado la mesa. Todo era pobre, limpio, cuidado. Las paredes de la cocina habían sido cuidadosamente enjalbegadas[29] y las **llamas**[30] prendían rojos resplandores a los cobres de los **pucheros**[31] y a los **cacharros**[32] de **loza**[33] amarilla.

—Usted dormirá en el cuarto de mi hijo —explicó, con su voz un tanto apagada—. Mi hijo ahora está en la ciudad. ¡Ya verá como es un cuarto muy bonito!

Él sonrió. Le daba un poco de lástima, una **piedad**[34] extraña, aquella mujer menuda, de movimientos rápidos, ágiles.

La mujer cruzó las manos sobre el pecho.

---

[22] **buen trato**—nice to deal with.

[23] **empinada**—steep.

[24] candil—ancient teapot-shaped oil lamp.

[25] **ancho**—broad.

[26] **apacible**—placid.

[27] **nuca**—nape of the neck.

[28] **leños**—logs.

[29] enjalbegadas—whitewashed.

[30] **llamas**—flames.

[31] **pucheros**—cooking pots.

[32] **cacharros**—crockery.

[33] **loza**—ceramic.

[34] **piedad**—piety.

El cuarto era pequeño, con una cama de hierro negra, cubierta con colcha roja, de largos **flecos**.[35] El suelo, de madera, se notaba **fregado**[36] y **frotado**[37] con estropajo.[38] Olía a **lejía**[39] y a cal. Sobre la **cómoda**[40] brillaba un espejo, con tres rosas de papel prendidas en un ángulo.

La mujer cruzó las manos sobre el pecho:

—Aquí duerme mi Manolo —dijo—. ¡Ya se puede usted figurar cómo cuido yo este cuarto!

—¿Cuántos años tiene su hijo? —preguntó, por decir algo, mientras **se despojaba**[41] del abrigo.

—Trece cumplirá para el agosto. ¡Pero es más listo! ¡Y con unos ojos . . . !

Lorenzo sonrió. La mujer se ruborizó:

—Perdone, ya me figuro: son las **tonterías**[42] que digo. . . ¡Es que no tengo más que a mi Manuel en el mundo! Ya ve usted: mi pobre marido se murió cuando el niño tenía dos meses. Desde entonces. . .

Se encogió de hombros[43] y suspiró. Sus ojos, de un azul muy pálido, se cubrieron de una tristeza suave, lejana. Luego, se volvió rápidamente hacia el pasillo:

—Perdone, ¿le sirvo ya la cena?

—Sí, en seguida voy.

Cuando entró de nuevo en la cocina la mujer le sirvió un plato de sopa, que tomó con apetito. Estaba buena.

—Tengo vino . . . —dijo ella, con timidez—. Si usted quiere. . . Lo guardo, siempre, para cuando viene a verme mi Manuel.

---

[35] **flecos**—fringe.

[36] **fregado**—mopped.

[37] **frotado**—scrubbed.

[38] estropajo—esparto brush.

[39] **lejía**—bleach.

[40] **cómoda**—dresser.

[41] **se despojaba**—he took off.

[42] **tonterías**—nonsense.

[43] **Se encogió de hombros**—she shrugged her shoulders.

—¿Qué hace su Manuel? —preguntó él.

Empezaba a sentirse lleno de una paz extraña, allí, en aquella casa. Siempre anduvo de un lado para otro, en pensiones malolientes, en barrios tristes y cerrados por altas paredes grises. Allá afuera, en cambio, estaba la tierra: la tierra hermosa y grande, de la que procedía. Aquella mujer —¿loca?; ¿qué clase de locura sería la suya?— también tenía algo de la tierra, en sus manos anchas y morenas, en sus ojos largos, llenos de paz.

—Está de **aprendiz**[44] de zapatero, con unos tíos. ¡Y que es más **avisado!**[45] Verá qué par de zapatos me hizo para la Navidad pasada. Ni a **estrenarlos**[46] **me atrevo.**[47]

Volvió con el vino y una caja de cartón. Le sirvió el vino despacio, con gesto comedido de mujer que cuida y ahorra las buenas cosas. Luego abrió la caja, que despidió un olor de **cuero**[48] y **almendras**[49] **amargas.**[50]

—Ya ve usted, mi Manolo. . .

Eran unos zapatos sencillos, nuevos, de ante gris.

—Muy bonitos.

— No hay cosa en el mundo como un hijo —dijo Filomena, guardando los zapatos en la caja—. Ya le digo yo: no hay cosa igual.

Fue a servirle la carne y se sentó luego junto al fuego. Cruzó los brazos sobre las rodillas. Sus manos **reposaban**[51] y Lorenzo pensó que una paz extraña, **inaprensible,**[52] **se desprendía**[53] de aquellas palmas **endurecidas.**[54]

---

[44] **aprendiz**—apprentice.

[45] **avisado**—smart.

[46] **estrenarlos**—to wear them for the first time.

[47] **me atrevo**—I dare.

[48] **cuero**—leather.

[49] **almendras**—almonds.

[50] **amargas**—bitter.

[51] **reposaban**—rested.

[52] **inaprensible**—incomprehensible.

[53] **se desprendía**—radiated.

[54] **endurecidas**—hardened.

—Ya ve usted —dijo Filomena, mirando hacia la lumbre—. No tendría yo, según todos dicen, motivos para alegrarme mucho. Apenas casada quedé **viuda**.[55] Mi marido era jornalero,[56] y yo ningún bien tenía. Sólo trabajando, trabajando, saqué adelante la vida. Pues ya ve: sólo porque le tenía a él, a mi hijo, he sido muy feliz. Sí, señor: muy feliz. Verle a él crecer, ver sus primeros pasos, oírle cuando empezaba a hablar . . . ¿no va a trabajar una mujer, hasta **reventar**,[57] sólo por eso? Pues, ¿y cuando aprendió las letras, casi de un tirón?[58] ¡Y qué alto, qué **espigado**[59] me salió! Ya ve usted: por ahí dicen que estoy loca. Loca porque le he quitado del campo y le he mandado a aprender un **oficio**.[60] Porque no quiero que sea un hombre quemado por la tierra, como fue su pobre padre. Loca me dicen, sabe usted porque no me doy reposo, sólo con una idea: mandarle a mi Manuel dinero para pagarse la pensión en casa de los tíos, para comprarse trajes y libros. ¡Es tan aficionado a las letras! ¡Y tan **presumido**![61] ¿Sabe usted? Al quincallero[62] le compré dos libros con láminas de colores, para enviárselos. Ya le enseñaré luego. . . Yo no sé de letras, pero deben ser buenos. ¡A mi Manuel le gustarán! ¡Él sacaba las mejores notas en la escuela! Viene a verme, a veces. Estuvo por Pascua[63] y volverá para la Nochebuena.[64]

Lorenzo escuchaba en silencio, y la miraba. La mujer, junto al fuego, parecía nimbada[65] de una claridad grande.

---

[55] **viuda**—widow.

[56] jornalero—journeyman; a laborer hired by the day, especially to work in the fields.

[57] **reventar**—exhausted.

[58] de un tirón—in one sitting, in one stretch.

[59] **espigado**—tall and slender.

[60] **oficio**—trade, skilled occupation.

[61] **presumido**—vain, full of himself.

[62] quincallero—seller of *quincalla* (trinkets); the word *quincalla* imitates the clinking of the metal objects.

[63] Pascua—Easter.

[64] Nochebuena—Christmas Eve.

[65] nimbada—encircled with a halo or nimbus.

Como el resplandor que **emana**[66] a veces de la tierra, en la lejanía, junto al horizonte. El gran silencio, el apretado silencio de la tierra, estaban en la voz de la mujer. "Se está bien aquí —pensó—. No creo que me vaya de aquí."

La mujer se levantó y retiró los platos.

—Ya le conocerá usted, cuando venga para la Navidad.

—Me gustará mucho conocerle —dijo Lorenzo—. De verdad que me gustará.

—Loca, me llaman —dijo la mujer. Y en su sonrisa le pareció que vivía toda la sabiduría de la tierra, también—. Loca, porque ni visto ni **calzo**,[67] ni un lujo me doy.[68] Pero no saben que no es sacrificio. Es egoísmo, sólo egoísmo. Pues, ¿no es para mí todo lo que le dé a él? ¿No es él más que yo misma? ¡No entienden esto por el pueblo! ¡Ay, no entienden esto, ni los hombres, ni las mujeres!

—Locos son los otros —dijo Lorenzo, ganado por aquella voz—. Locos los demás.

Se levantó. La mujer se quedó mirando al fuego, como **ensoñada**.[69]

Cuando se acostó en la cama de Manuel, bajo las sábanas ásperas, como aún no estrenadas, le pareció que la felicidad —ancha, lejana, vaga— rozaba todos los rincones de aquella casa, impregnándole a él, también, como una música.

A la mañana siguiente, a eso de las ocho, Filomena llamó tímidamente a su puerta:

—Don Lorenzo, el alguacil viene a buscarle. . .

Se echó el abrigo por los hombros y abrió la puerta. Atilano estaba allí, con la gorra en la mano:

—Buenos días, don Lorenzo. Ya está arreglado. . . Juana, la de los Guadarramas, le tendrá a usted. Ya verá cómo se encuentra a gusto.

---

[66] **emana**—flows.

[67] **calzo**—wear shoes.

[68] **un lujo me doy**—treat myself.

[69] **ensoñada**—daydreaming, lost in a dream.

Le interrumpió, **con sequedad**:[70]

—No quiero ir a ningún lado. Estoy bien aquí.

Atilano miró hacia la cocina. Se oían ruidos de cacharros. La mujer preparaba el desayuno.

—¿Aquí . . . ?

Lorenzo sintió una irritación pueril.

—¡Esa mujer no está loca! —dijo—. Es una madre, una buena mujer. No está loca una mujer que vive porque su hijo vive . . . , sólo porque tiene un hijo, tan llena de felicidad. . .

Atilano miró al suelo con una gran tristeza. Levantó un dedo, **sentencioso**,[71] y dijo:

—No tiene ningún hijo, don Lorenzo. Se le murió de meningitis,[72] hace lo menos cuatro años.

---

[70] **con sequedad**—curtly, brusquely.

[71] **sentencioso**—sententious.

[72] meningitis—meningitis; a very serious disease caused by bacteria, in which the outer part of the brain and spinal cord become inflamed.

PREGUNTAS

1. ¿Qué profesión tiene Don Lorenzo y con quién se aloja la primera noche?

2. ¿En qué consiste la felicidad que siente Don Lorenzo cuando se acuesta en el cuarto del supuesto hijo de Filomena? ¿Por qué se siente tan cómodo el médico en la casa?

3. ¿Cuál es el problema de Filomena y por qué Don Lorenzo había creído que no estaba loca?

Los chicos

En este cuento Ana María Matute describe agudamente la lucha y desigualdad que existen entre clases sociales. Al elegir a niños como ejecutores de la violencia, la autora profundiza aún más en el tema. La crueldad de Efrén, el mayor de los niños privilegiados, representa la opresión del más fuerte y el maltrato injusto de un niño pobre que no tiene cómo defenderse. La violencia en este cuento se ejerce siempre desde el personaje masculino y sólo la niña experimenta un sentimiento de compasión hacia el niño maltratado.

Eran sólo cinco o seis, pero así, en grupo, viniendo carretera adelante, **se nos antojaban**[1] quince o veinte. Llegaban casi siempre a las horas **achicharradas**[2] de la siesta, cuando el sol caía de plano contra el polvo y la grava desportillada de la carretera vieja, por donde ya no circulaban camiones ni carros, ni vehículo alguno. Llegaban entre una nube de polvo, que levantaban sus pies, como las pezuñas de los caballos. Los veíamos llegar,

---

[1] **se nos antojaban**—seemed like.
[2] **achicharradas**—scorching.

y el corazón **nos latía**[3] de prisa. Alguien, en voz baja, decía: "¡Que vienen los chicos . . . !" Por lo general, nos escondíamos para tirarles piedras, o huíamos.

Porque nosotros temíamos a los chicos como al diablo. En realidad, eran una de las mil formas del diablo, a nuestro entender. Los chicos **harapientos**,[4] **malvados**,[5] con los ojos oscuros y brillantes como cabezas de alfiler negro. Los chicos descalzos y callosos, que tiraban piedras de largo alcance, con gran puntería, de golpe más seco y duro que las nuestras. Los que hablaban un idioma entrecortado, desconocido, de palabras como pequeños latigazos, de risas como **salpicaduras**[6] de barro. En casa nos tenían prohibido terminantemente **entablar**[7] relación alguna con esos chicos. En realidad, nos tenían prohibido salir del **prado**,[8] bajo ningún pretexto. (Aunque nada había tan tentador, a nuestros ojos, como saltar el muro de piedras y bajar al río, que, al otro lado, huía verde y oro, entre los juncos y los chopos.) Más allá, pasaba la carretera vieja, por donde llegaban casi siempre aquellos chicos distintos, prohibidos.

Los chicos vivían en los alrededores del Destacamento Penal.[9] Eran los hijos de los presos del Campo,[10] que redimían sus penas en la obra del **pantano**.[11] Entre sus madres y ellos habían construido una extraña aldea de **chabolas**[12] y cuevas, **adosadas**[13] a las rocas, porque no se podían pagar el alojamiento en la

---

[3] **nos latía**—beat.
[4] **harapientos**—ragged, dressed in rags.
[5] **malvados**—wicked, evil.
[6] **salpicaduras**—spattering.
[7] **entablar**—to strike up, to start.
[8] **prado**—meadow, field.
[9] Destacamento Penal—prison, penitentiary.
[10] presos del Campo—prisoners of concentration camps.
[11] **pantano**—reservoir.
[12] **chabolas**—shanty dwellings, shacks.
[13] **adosadas**—attached.

aldea, donde, por otra parte, tampoco eran deseados. "Gentuza,[14] ladrones, asesinos . . . ", decían las gentes del lugar. Nadie les hubiera alquilado una habitación. Y tenían que estar allí. Aquellas mujeres y aquellos niños seguían a sus presos, porque de esta manera vivían del jornal, que, por su trabajo, ganaban los penados.

Para nosotros, los chicos eran el terror. Nos insultaban, nos apedreaban, deshacían nuestros huertecillos de piedra y nuestros juguetes, si los **pillaban**[15] sus manos. Nosotros los teníamos por seres de otra raza, mitad monos, mitad diablos. Sólo de verles nos venía un temblor grande, aunque quisiéramos disimularlo.

El hijo mayor del administrador era un muchacho de unos trece años, alto y robusto, que estudiaba el bachillerato en la ciudad. Aquel verano vino a casa de vacaciones, y desde el primer día capitaneó nuestros juegos. Se llamaba Efrén y tenía unos **puños**[16] rojizos, pesados como **mazas**,[17] que imponían un gran respeto. Como era mucho mayor que nosotros, audaz y **fanfarrón**,[18] le seguíamos a donde él quisiera.

El primer día que aparecieron los chicos de las chabolas, en tropel, con su nube de polvo, Efrén se sorprendió de que echáramos a correr y saltáramos el muro en busca de refugio.

—Sois **cobardes**[19] —nos dijo—. ¡Ésos son pequeños!

No hubo forma de convencerle de que eran otra cosa: de que eran algo así como el espíritu del mal.

—**Bobadas**[20] —dijo. Y sonrió de una manera **torcida**[21] y particular, que nos llenó de admiración.

---

[14] Gentuza—riffraff, rabble.
[15] **pillaban**—got ahold of.
[16] **puños**—fists.
[17] **mazas**—mallets.
[18] **fanfarrón**—boaster, braggart.
[19] **cobardes**—cowards.
[20] **Bobadas**—nonsense.
[21] **torcida**—twisted.

Al día siguiente, cuando la hora de la siesta, Efrén se escondió entre los juncos del río. Nosotros esperábamos, ocultos detrás del muro, con el corazón en la garganta. Algo había en el aire que nos llenaba de **pavor**.[22] (Recuerdo que yo mordía la cadenilla de la medalla y que sentía en el paladar un gusto de metal raramente frío. Y se oía el canto crujiente de las cigarras entre la hierba del prado.) Echados en el suelo, el corazón nos golpeaba contra la tierra.

Al llegar, los chicos **escudriñaron**[23] hacia el río, por ver si estábamos buscando ranas, como solíamos y para provocarnos empezaron a **silbar**[24] y a reir de aquella forma de siempre, **opaca**[25] y humillante. Ése era su juego: llamarnos, sabiendo que no apareceríamos. Nosotros seguimos ocultos y en silencio. Al fin, los chicos abandonaron su idea y volvieron al camino, trepando **terraplén**[26] arriba. Nosotros estábamos **anhelantes**[27] y sorprendidos, pues no sabíamos lo que Efrén quería hacer.

Mi hermano mayor se incorporó a mirar por entre las piedras y nosotros le imitamos. Vimos entonces a Efrén **deslizarse**[28] entre los juncos como una gran **culebra**.[29] Con **sigilo**[30] trepó hacia el terraplén, por donde subía el último de los chicos, y se le echó encima.

Con la sorpresa, el chico se dejó atrapar. Los otros ya habían llegado a la carretera y cogieron piedras, gritando. Yo sentí un gran temblor en las rodillas, y mordí con fuerza la medalla. Pero Efrén no se dejó intimidar. Era

---

[22] **pavor**—terror.
[23] **escudriñaron**—scrutinized.
[24] **silbar**—to whistle.
[25] **opaca**—opaque.
[26] **terraplén**—embankment.
[27] **anhelantes**—full of desire, full of yearning.
[28] **deslizarse**—slithering.
[29] **culebra**—snake.
[30] **sigilo**—stealth.

mucho mayor y más fuerte que aquel diablillo negruzco que retenía entre sus brazos, y echó a correr **arrastrando**[31] a su prisionero hacia el refugio del prado, donde le aguardábamos. Las piedras caían a su alrededor y en el río, salpicando de agua aquella hora abrasada. Pero Efrén saltó ágilmente sobre las pasaderas, y arrastrando al chico, que se revolvía furiosamente, abrió la **empalizada**[32] y entró con él en el prado. Al verlo perdido, los chicos de la carretera dieron media vuelta y echaron a correr, como gazapos,[33] hacia sus chabolas.

Sólo de pensar que Efrén traía a una de aquellas furias, estoy segura de que mis hermanos sintieron el mismo pavor que yo. **Nos arrimamos**[34] al muro, con la espalda pegada a él, y un gran frío nos subía por la garganta.

Efrén arrastró al chico unos metros, delante de nosotros. El chico se revolvía desesperado e intentaba morderle las piernas, pero Efrén levantó su puño enorme y rojizo, y empezó a golpearle la cara, la cabeza y la espalda. Una y otra vez, el puño de Efrén caía, con un ruido opaco. El sol brillaba **de un modo espeso**[35] y grande, sobre la hierba y la tierra. Había un gran silencio. Sólo oíamos el **jadeo**[36] del chico, los golpes de Efrén y el **fragor**[37] del río, dulce y fresco, indiferente, a nuestras espaldas. El canto de las cigarras parecía haberse detenido. Como todas las voces.

Efrén estuvo mucho rato golpeando al chico con su gran puño. El chico, poco a poco, fue cediendo. Al fin, cayó al suelo de rodillas, con las manos apoyadas en la hierba. Tenía la carne oscura, del color del barro seco, y

---

[31] **arrastrando**—dragging.

[32] **empalizada**—palisade, fence.

[33] gazapos—young rabbits.

[34] **Nos arrimamos**—we leaned against.

[35] **de un modo espeso**—densely.

[36] **jadeo**—panting.

[37] **fragor**— roar.

el pelo muy largo, de un rubio mezclado de **vetas**[38] negras, como quemado por el sol. No decía nada y se quedó así, de rodillas. Luego, cayó contra la hierba, pero levantando la cabeza, para no **desfallecer**[39] del todo. Mi hermano mayor se acercó despacio, y luego, nosotros.

Parecía mentira lo pequeño y lo delgado que era. "Por la carretera parecían mucho más altos", pensé. Efrén estaba de pie a su lado, con sus grandes y **macizas**[40] piernas separadas, los pies calzados con gruesas botas de ante. ¡Qué enorme y brutal parecía Efrén en aquel momento!

—¿No tienes aún bastante? —dijo en voz muy baja, sonriendo. Sus dientes, con los **colmillos**[41] salientes, brillaron al sol—. Toma, toma. . .

Le dio con la bota en la espalda. Mi hermano mayor retrocedió un paso y me pisó. Pero yo, no podía moverme: estaba como clavada en el suelo. El chico se llevó la mano a la nariz. Sangraba, no se sabía si de la boca o de dónde.

Efrén nos miró.

—Vamos —dijo—. Éste ya tiene lo suyo.

Y le dio con el pie otra vez.

—¡Lárgate, puerco!![42] ¡Lárgate en seguida!

Efrén se volvió, grande y pesado, despacioso, hacia la casa. Muy seguro de que le seguíamos.

Mis hermanos como de mala gana, como asustados, le obedecieron. Sólo yo no podía moverme, no podía, del lado del chico. De pronto, algo raro ocurrió dentro de mí. El chico estaba allí, tratando de incorporarse, tosiendo. No lloraba. Tenía los ojos muy achicados, y su nariz, ancha y aplastada, vibraba extrañamente. Estaba

---

[38] **vetas**—streaks.

[39] **desfallecer**—to faint, to pass out.

[40] **macizas**—strapping, solid.

[41] **colmillos**—fangs.

[42] puerco—pig, swine.

manchado[43] de sangre. Por la barbilla le caía la sangre, que empapaba sus andrajos[44] y la hierba. Súbitamente me miró. Y vi sus ojos de pupilas redondas, que no eran negras sino de un pálido color de topacio, transparentes, donde el sol se metía y se volvía de oro. Bajé los míos, llena de una vergüenza dolorida.

El chico se puso en pie, despacio. Se debió herir en una pierna, cuando Efrén lo arrastró, porque iba cojeando[45] hacia la empalizada. No me atreví a mirar su espalda, renegrida y desnuda entre los **desgarrones**.[46] Sentí ganas de llorar, no sabía exactamente por qué. Únicamente supe decirme: "Si sólo era un niño. Si era nada más que un niño, como otro cualquiera".

---

[43] **manchado**—stained.

[44] **andrajos**—rags.

[45] **cojeando**—limping.

[46] **desgarrones**—tears, rips.

PREGUNTAS

1. Describe con tus propias palabras cómo son "los chicos de las chabolas" y en qué se diferencian de los narradores. ¿Quién facilita esta información sobre estos "chicos" en la narración?

2. ¿Cómo era Efrén, el hijo del administrador?

3. Al final del cuento existe una gran diferencia entre la actitud de la narradora y la actitud de sus hermanos. ¿De qué se da cuenta la niña al permanecer inmóvil frente al niño pobre maltratado?

4. ¿Qué diferencia existe entre la actitud de la niña y los demás personajes masculinos de la historia? ¿Crees que es verdad?

Envidia

Una chica distinta a los demás jóvenes confiesa un secreto en esta historia. Su relato ilumina su vulnerabilidad y cambia la manera en que la veían sus compañeros. Matute vuelve a uno de sus temas favoritos: el choque entre la ilusión y la desesperanza.

Martina, la criada, era una muchacha alta y robusta, con una gruesa trenza, negra y **luciente**,[1] arrollada en la nuca. Martina tenía los **modales**[2] bruscos y la voz **áspera**.[3] También tenía fama de mal genio,[4] y en la cocina del abuelo todos sabían que no se le podía gastar bromas ni burlas. Su mano era ligera y **contundente**[5] a un tiempo, y más de una nariz había sangrado por su culpa.

---

[1] **luciente**—shiny.

[2] **modales**—manners.

[3] **áspera**—harsh.

[4] mal genio—bad temper.

[5] **contundente**—crushing.

[6] ancas de yegua—hindquartes of a mare; the narrator is comparing Martina's large buttocks to those of a mare.

Yo la recuerdo cargando grandes baldes de ropa sobre sus ancas de yegua,[6] y dirigiéndose al río descalza, con las desnudas piernas, gruesas y morenas, brillando al sol. Martina tenía la fuerza de dos hombres, según decía Marta, la cocinera, y el genio de cuatro sargentos. Por ello, rara era la vez que las demás criadas o alguno de los **aparceros**[7] mantenía conversación con ella.

—Por tu genio no tienes amigas ni novio —le decía Marta, que en razón de su edad era la única a quien toleraba confianzas—. Deberías ser más dulce y amigable.

—Ni falta que me hace —contestaba Martina. Y **mordisqueando**[8] un pedazo de pan se iba hacia el río, alta y **forzuda**,[9] **garbosa**[10] a pesar de su figura maciza. Realmente, hacía pensar que se bastaba a sí misma y que de nada ni de nadie necesitaba.

Yo estaba convencida de que Martina estaba hecha de **hierro**[11] y de que ninguna debilidad cabía en su corazón. Como yo lo creían todos, hasta aquel día en que, después de la cena, siendo ya vísperas de la Navidad,[12] se les ocurrió en la cocina hablar del sentimiento de la **envidia**.[13]

—Mala cosa es —dijo Marta, al fin de todos—. Mala cosa es la envidia, pero bien triste, y cierto también que todos nosotros hemos sentido su punzada alguna vez.

Todos callaron, **como asintiendo**,[14] y quedaron pensativos. Yo, como de costumbre, asistía de escondidas a aquellas reuniones.

—Así es —dijo Marino, el mozo—. Todos hemos sentido la mala mordedura,[16] ¿a qué negarlo? ¿Alguno

---

[7] **aparceros**—laborers that work in the fields.

[8] **mordisqueando**—nibbling, biting.

[9] **forzuda**—strong, brawny.

[10] **garbosa**—graceful.

[11] **hierro**—iron.

[12] vísperas de la Navidad—Christmas eve; a reference to the days leading up to the 25th of December.

[13] **envidia**—envy.

[14] **como asintiendo**—as if agreeing.

[15] la mala mordedura—the bad bite; here, the bite of envy.

hay aquí que no la sintiera al menos una vez en la vida? ¡Ah, vamos, supongo yo! Menos Martina, que no necesita nunca nada de nadie ni de nada. . .

Todos miraron a Martina esperando su bufido[16] o su cachete.[17] Sin embargo, Martina se había quedado pensativa, mirando al fuego y levantó levemente los hombros. Tenía las manos cruzadas sobre las rodillas. Ante su silencio, Marino **se envalentonó**:[18]

—¿Y cómo es eso, chica? ¿Tuviste tú envidia de algo alguna vez?

Todos la miraban con curiosidad divertida. Sin embargo, cosa extraña, Martina no parecía darse cuenta de la pequeña burla que empezaba a flotar a su alrededor. Sin dejar de mirar a la lumbre, dijo lentamente:

—¿Y por qué negarlo? Vienen ahora fechas santas,[19] y no quiero mancharme con mentiras: sentí la mordedura, es verdad. Una sola vez, es cierto, pero la sentí.

Marta se echó a reír.

—¿Puede saberse de qué tuviste envidia, Martina?

Martina la miró, y yo vi entonces en sus ojos una dulzura grande y extraña, que no le conocía.

—Puede saberse —contestó—, porque ya pasó. Hace mucho tiempo, ¡era yo una zagala![20]

Se pasó la mano por los labios, de revés. Pareció que iba a sonreír, pero su boca seguía cerrada y seria. Todos la escuchaban sorprendidos, y al fin dijo:

—Tuve envidia de una **muñeca**.[21]

Marino soltó una risotada, y ella se volvió a mirarle con **desprecio**.[22]

---

[16] bufido—snort.

[17] cachete—slap.

[18] **se envalentonó**—became bold, became boastful.

[19] fechas santas—holy days; days in a church calendar on which a saint is commemorated.

[20] zagala—lass, little girl.

[21] **muñeca**—doll.

[22] **desprecio**—contempt, scorn, disdain.

—Puede rebuznar el asno —dijo agriamente—, que nunca conocerá la miel.[23]

Mientras Marino **se ruborizaba**,[24] Marta siguió:

—Cuéntanos, muchacha, y no hagas caso.

Martina dijo entonces, precipitadamente:

—Nunca hablé de esto, pero todos sabéis que cuando padre se casó con Filomena yo no lo pasé bien.

Marta asintió con la cabeza.

—Fue verdadera **madrastra**,[25] eso sí, muchacha. Pero tú siempre te supiste valer por ti misma. . .

Martina se quedó de nuevo pensativa y el resplandor del fuego **dulcificaba**[26] sus **facciones**[27] de un modo desconocido.

—Sí, eso es: valerme por mí misma . . . eso es cierto. Pero también he sido una niña. ¡Sí, a qué negarlo, cuernos, niña y bien niña! ¿Acaso no tiene una corazón? . . . Después que padre se casó con Filomena, vinieron los zagales Mauricio y Rafaelín. . . ¡Todo era poco para ellos, en aquella casa . . ! Y bien, yo, en cambio, la **grandullona**,[28] al trabajo, a la tierra. No es que **me queje**,[29] vamos: sabido es que a esta tierra se viene, por lo general, a trabajar. ¡Pero tenía siete años! ¡Sólo siete años . . . !

Al oír esto todos callaron. Y yo sentí un dolor pequeño dentro, por la voz con que lo dijo. Continuó:

—Pues ésta es la cosa. Un día llegaron los del Teatrín . . . ¿recuerda usted, señora Marta, aquellos

---

[23] Puede rebuznar el asno, que nunca conocerá la miel—the donkey may bray, but it will never taste the honey; sarcastic remark.

[24] **se ruborizaba**—blushed.

[25] **madrastra**—stepmother.

[26] **dulcificaba**—sweetened.

[27] **facciones**—features.

[28] grandullona—the eldest; also referring here to her overgrown size. Used pejoratively.

[29] **me queje**—I complain.

cómicos del Teatrín? ¡Madre, qué majos[30] eran . . . ! Traían
un teatrillo de marionetas, que le decían. Me acuerdo que
me escapé a verle. Tenía **ahorrados**[31] dos realines,[32]
escondidos en un agujero de la escalera, y **acudí**[33]. . . Sí,
me gustó mucho, mucho. Ponían una función muy bonita,
y pasaban cosas que yo no entendí muy bien. Pero sí que
me acuerdo de una muñeca preciosa —la principal
era—, lo más precioso que vi: pelo rubio hasta aquí, y
unos trajes. . . ¡Ay, qué trajes sacaba la muñeca aquella!
¡Mira que en cada escena uno diferente . . . ! Y **abanicos**,[34]
y **pulseras**[35]. . . ¡Como un sueño era la muñeca! Estuve
yo como **embobada**[36] mirándola. . . Bien, tanto es así,
que, en acabando, me metí para adentro, a **fisgar**.[37] Vi
que la mujer del cómico guardaba los muñecos en un
baulito.[38] Y a la muñeca, que se llamaba Floriana, la
ponía en otro aparte. Conque fui y le dije: "Señora, ¿me
deja *usté* mirarla?"

Ella, a lo primero, pareció que me iba a echar, pero
luego se fijó más en mí, y me digo yo ahora si le daría
lástima de verme descalza y rota como iba, y flacucha
que me criaba, y dijo: "¿Pagaste tu entrada, chiquita?"
"La pagué, sí señora". Ella me miró más, de arriba a
abajo, y por fin se rió así, para entre ella, y dijo: "Bueno,
puedes mirarla si eso te gusta". ¡Vaya si me gustaba!
Bizca me quedé:[39] tenía la Floriana una maleta para ella

---

[30] majos—friendly.

[31] **ahorrados**—saved.

[32] realines—from *real*; former Spanish coin.

[33] **acudí**—went.

[34] **abanicos**—fans.

[35] **pulseras**—bracelets.

[36] **embobada**—enthralled, stupefied.

[37] **fisgar**—to snoop around.

[38] baulito—little trunk.

[39] Bizca me quedé—I became cross-eyed; exaggeration implying that she looked at the doll very intensely for a long time.

sola y, ¡Virgen,[40] qué de trajes, qué de pulserinas, coronas y abanicos! Uno a uno me los iba ella enseñando, y me decía: "Esto para esto, éste para lo otro . . . " ¡Ay, Dios, un sueño parecía! Viéndola, a mí **me arañaban**[41] por dentro, me arañaban gatos o demonios de envidia, y pena y tristura me daba, he de confesarlo. ¡Y cómo vivía aquella muñeca, cielo santo! ¡Cómo vivía! En que llegué a casa, la Filomena me esperaba con la zapatilla y me dio buena **tunda**[42] por la escapada... Sorbiéndome el moquillo[43] me subí el escaño *ande*[44] dormía, en el jergón[45] de paja. . . Y me acordaba del fondo del baúl de sedas mullidas, donde dormía la Floriana. . . Y mirando mis **harapos**[46] me venían a las mientes[47] sus sedas y sus **brazaletes**.[48] A la mañana, **arreando**,[49] salí con el primer sol y me fui para el carro de los cómicos, descalza y medio desnuda como estaba, y me puse a llamar a voces a la señora. Y en que salió, despeinada y con sueño, le pedí que me llevaran con ellos: por Dios y por todo, si me querían llevar con ellos, que, bien lavada y peinada, podía serles como de muñeca.

Marta sonrió y le puso la mano en el hombro.

—Vaya, muchacha —le dijo—. No te venga la tristeza pasada. Bien que te defendiste luego. . . ¡Poca envidia es esa tuya!

---

[40] Virgen—Virgin; used as an expression of amazement.

[41] **me arañaban**—they scratched me.

[42] **tunda**—beating, hiding.

[43] Sorbiéndome el moquillo—swallowing my mucus (caused by crying).

[44] *ande*—used instead of *donde* (where), to show the character's lack of formal education and her rural upbringing.

[45] jergón—mattress.

[46] **harapos**—rags, tattered clothes.

[47] me venían a las mientes—used instead of *me venía a la mente*; it came to my mind, it made me remember.

[48] **brazaletes**—bracelets.

[49] **arreando**—dashing, hurriedly.

Martina levantó la cabeza, con un gesto como de espantar[50] una mosca importuna.[51]

—¡Y quién dice otra cosa! Nadie tiene que andarme a mí con compasiones. ¡Fresca estaría . . . ! ¡Cuántas querrían estar en mi lugar! ¡Pues sí que . . . ! De pecados de envidia estábamos hablando, no de tristeza.

---

[50] espantar—driving away.

[51] importuna—annoying, troublesome.

PREGUNTAS

1. ¿Cómo es Martina físicamente? ¿De qué tiene mala fama?

2. En esta historia todos confiesan haber sido alguna vez envidiosos. Sin embargo, ¿por qué sintió envidia Martina?

3. ¿Por qué dice Marta al final de la historia que la envidia de Martina es poca? ¿Y qué le responde Martina al respecto?

El árbol de oro

*Este cuento es una de las historias más populares de Historias de
la Artámila. Ana María Matute reconstruye con agilidad el ambiente
de una escuela infantil donde dos niños recrean un mismo suceso
entre el poder de la imaginación y la realidad circundante. Ivo, el
amigo de la joven narradora, dice ver un árbol de oro. Sin embargo,
cuando ésta intenta ver lo mismo que el niño, sólo puede descubrir
un paisaje realista que difiere totalmente de la versión fascinante
de su amigo. Finalmente, cuando la narradora vuelve al pueblo
después de dos veranos, vive un suceso extraño que puede
determinarse como sobrenatural, dependiendo de la versión
que elija el lector a la hora de analizarlo.*

Asistí durante un otoño a la escuela de la señorita
Leocadia, en la aldea, porque mi salud no andaba bien
y el abuelo retrasó mi vuelta a la ciudad. Como era el
tiempo frío y estaban los suelos embarrados y no se veía
rastro de muchachos, me aburría dentro de la casa, y
pedí al abuelo asistir a la escuela. El abuelo consintió, y

acudí[1] a aquella casita alargada y blanca de cal, con el tejado pajizo y requemado por el sol y las nieves, a las afueras del pueblo.

La señorita Leocadia era alta y gruesa, tenía el carácter más bien áspero y grandes juanetes[2] en los pies, que la obligaban a andar como quien arrastra cadenas. Las clases en la escuela, con la lluvia rebotando en el tejado y en los cristales, con las moscas pegajosas de la tormenta persiguiéndose alrededor de la bombilla, tenían su atractivo. Recuerdo especialmente a un muchacho de unos diez años, hijo de un **aparcero**[3] muy pobre, llamado Ivo. Era un muchacho delgado, de ojos azules, que bizqueaba ligeramente al hablar. Todos los muchachos y muchachas de la escuela admiraban y envidiaban un poco a Ivo, por el don que poseía de atraer la atención sobre sí, en todo momento. No es que fuera ni inteligente ni gracioso, y, sin embargo, había algo en él, en su voz quizás en las cosas que contaba, que conseguía cautivar a quien le escuchase. También la señorita Leocadia **se dejaba prender**[4] de aquella red de plata que Ivo tendía a cuantos atendían sus enrevesadas conversaciones, y —yo creo que muchas veces contra su voluntad— la señorita Leocadia le confiaba a Ivo tareas deseadas por todos, o distinciones que merecían alumnos más estudiosos y aplicados.

Quizá lo que más se envidiaba de Ivo era la posesión de la **codiciada**[5] llave de la torrecita. Esta era, en efecto, una pequeña torre situada en un ángulo de la escuela, en cuyo interior se guardaban los libros de lectura. Allí

---

[1] **acudí**—I went.

[2] **juanetes**—bunions.

[3] **aparcero**—sharecropper.

[4] **se dejaba prender**—allowed herself to fall into.

[5] **codiciada**—coveted.

entraba Ivo a buscarlos, y allí volvía a dejarlos, al terminar la clase. La señorita Leocadia **se lo encomendó**[6] a él, nadie sabía en realidad por qué.

Ivo estaba muy orgulloso de esta distinción, y por nada del mundo la hubiera cedido. Un día, Mateo Heredia, el más aplicado y estudioso de la escuela, pidió encargarse de la tarea —a todos nos fascinaba el misterioso interior de la torrecita, donde no entramos nunca—, y la señorita Leocadia pareció acceder. Pero Ivo se levantó, y acercándose a la maestra empezó a hablarle en su voz baja, bizqueando los ojos y moviendo mucho las manos, como tenía por costumbre. La maestra dudó un poco, y al fin dijo:

—Quede todo como estaba. Que siga encargándose Ivo de la torrecita.

A la salida de la escuela le pregunté:

—¿Qué le has dicho a la maestra?

Ivo me miró de través y vi relampaguear sus ojos azules.

—Le hablé del árbol de oro.

Sentí una gran curiosidad.

—¿Qué árbol?

Hacía frío y el camino estaba húmedo, con grandes charcos que brillaban al sol pálido de la tarde. Ivo empezó a **chapotear**[7] en ellos, sonriendo con misterio.

—Si no se lo cuentas a nadie. . .

—Te lo juro, que a nadie se lo diré.

Entonces Ivo me explicó:

—Veo un árbol de oro. Un árbol completamente de oro: ramas, tronco, hojas . . . ¿sabes? Las hojas no se caen nunca. En verano, en invierno, siempre. **Resplandece**[8] mucho; tanto, que tengo que cerrar los ojos para que no me duelan.

---

[6] **se lo encomendó**—entrusted it.

[7] **chapotear**—splashing.

[8] **Resplandece**—it shines, it glows.

—¡Qué **embustero**[9] eres! —dije, aunque con algo de zozobra. Ivo me miró con **desprecio**.[10]

—No te lo creas —contestó—. Me es completamente igual que te lo creas o no. . . Nadie entrará nunca en la torrecita, y a nadie dejaré ver mi árbol de oro! ¡Es mío! La señorita Leocadia lo sabe, y no se atreve a darle la llave a Mateo Heredia, ni a nadie. . . ¡Mientras yo viva, nadie podrá entrar allí y ver mi árbol!

Lo dijo de tal forma que no puede evitar preguntarle:

—¿Y cómo lo ves . . . ?

—Ah, no es fácil —dijo, con aire misterioso—. Cualquiera no podría verlo. Yo sé la **rendija**[11] exacta.

—¿Rendija . . . ?

—Sí, una rendija de la pared. Una que hay corriendo el cajón de la derecha: **me agacho**[12] y me paso horas y horas. . . ¡Cómo brilla el árbol! ¡Cómo brilla! Fíjate que si algún pájaro se le pone encima también se vuelve de oro. Eso me digo yo: si me subiera a una rama, ¿me volvería acaso de oro también?

No supe qué decirle, pero, desde aquel momento, mi deseo de ver el árbol creció de tal forma que me **desasosegaba**.[13] Todos los días, al acabar la clase de lectura, Ivo se acercaba al cajón de la maestra, sacaba la llave y se dirigía a la torrecita. Cuando volvía, le preguntaba:

—¿Lo has visto?

—Sí —me contestaba. Y, a veces, explicaba alguna novedad:

—Le han salido unas flores raras. Mira: así de grandes, como mi mano lo menos, y con los pétalos alargados. Me parece que esa flor es parecida al *arzadú*.

---

[9] **embustero**—liar.

[10] **desprecio**—disdain.

[11] **rendija**—crack, slit.

[12] **me agacho**—I crouch down.

[13] **me desasosegaba**—made me feel anxious, made me feel restless.

—¡La flor del frío! —decía yo, con asombro—. ¡Pero el *arzadú* es **encarnado!**[14]

—Muy bien —asentía él, con gesto de paciencia—. Pero en mi árbol es oro puro.

—Además, el *arzadú* crece al borde de los caminos . . . y no es un árbol.

No se podía discutir con él. Siempre tenía razón, o por lo menos lo parecía.

Ocurrió entonces algo que secretamente yo deseaba; me avergonzaba sentirlo, pero así era: Ivo enfermó, y la señorita Leocadia encargó a otro la llave de la torrecita. Primeramente, la disfrutó Mateo Heredia. Yo espié su regreso, el primer día, y le dije:

—¿Has visto un árbol de oro?

—¿Qué andas graznando?[15] me contestó de malos modos, porque no era simpático, y menos conmigo. Quise dárselo a entender, pero no me hizo caso. Unos días después, me dijo:

—Si me das algo a cambio, te dejo un ratito la llave y vas durante el recreo. Nadie te verá. . .

Vacié mi **hucha,**[16] y, por fin, conseguí la codiciada llave. Mis manos temblaban de emoción cuando entré en el cuartito de la torre. Allí estaba el cajón. Lo aparté y vi brillar la rendija en la oscuridad. Me agaché y miré.

Cuando la luz dejó de cegarme, mi ojo derecho sólo descubrió una cosa: la seca tierra de la **llanura**[17] alargándose hacia el cielo. Nada más. Lo mismo que se veía desde las ventanas altas. La tierra desnuda y **yerma,**[18] y nada más que la tierra. Tuve una gran decepción y la seguridad de que **me habían estafado.**[19]

---

[14] encarnado—red, flesh-colored.

[15] ¿Qué andas graznando?—What are you cackling about?

[16] **hucha**—moneybox, piggybank.

[17] **llanura**—plain, prairie.

[18] **yerma**—barren.

[19] **me habían estafado**—they had fooled me.

No sabía cómo ni de qué manera, pero me habían estafado.

Olvidé la llave y el árbol de oro. Antes de que llegaran las nieves regresé a la ciudad.

Dos veranos más tarde volví a las montañas. Un día, pasando por el cementerio —era ya tarde y se anunciaba la noche en el cielo: el sol, como una bola roja, caía a lo lejos, hacia la carrera terrible y sosegada de la llanura—, vi algo extraño. De la tierra grasienta y pedregosa, entre las cruces caídas, nacía un árbol grande y hermoso, con las hojas anchas de oro: encendido y brillante todo él, cegador. Algo me vino a la memoria, como un sueño, y pensé: "Es un árbol de oro". Busqué al pie del árbol, y no tardé en dar con una crucecilla de hierro negro, mohosa por la lluvia. Mientras la **enderezaba**,[20] leí: IVO MÁRQUEZ, DE DIEZ AÑOS DE EDAD.

Y no daba tristeza alguna, sino, tal vez, una extraña y muy grande alegría.

---

[20] **enderezaba**—I was straightening.

PREGUNTAS

1. En el cuento se dice que Ivo poseía un don especial. Describe algunos aspectos de la personalidad de Ivo. ¿Qué representa el "árbol de oro" dentro de la historia?

2. Cuando la narradora consigue entrar en la torrecita no puede ver lo mismo que Ivo a través de la rendija. ¿Qué significa esto?

3. Al final del cuento, la narradora vuelve al pueblo después de dos veranos. ¿Qué sucede cuando pasa por el cementerio? ¿Por qué siente "una extraña y muy grande alegría"?

la guerra civil

Arena

Un hombre al que llamaban Jeza

Ésta es la historia de Manuel, cuyo padre adoptivo es asesinado al estallar la guerra civil española. Con el tiempo, Manuel descubre la identidad de su verdadero padre: un hombre de buena posición, involucrado en la muerte de su padre adoptivo. La autora describe los sentimientos encontrados del protagonista al ser reconocido al final como hijo legítimo de este hombre rico e importante, al pensar en su niñez llena de privaciones y en el dolor de su madre y sus hermanos por la muerte del padre.

A finales del año 1934, un día lluvioso, festivo en el calendario, llegó a la isla un hombre llamado Alejandro Zarco (amigos, conocidos e incluso enemigos le llamaban Jeza), con misión de observar las actividades del Partido,[1] poco **floreciente**[2] en aquella zona. Jeza era un hombre alto y delgado, con el cabello prematuramente blanco y ojos azules. Se dio a

---

[1] *Partido*—political party; here, the left-wing Republican party in Spain. The Republicans were defeated by the right-wing Nationalists, led by Francisco Franco, in the Spanish Civil War (1936–1939).

[2] *floreciente*—flourishing.

conocer a muy pocos: a José Taronjí y a los hermanos Simeón y Zacarías. No vino a ser activista: simplemente a analizar y reportar al Comité Central,[3] de Madrid, con objeto de planificar un aumento de actividades. Cuando **estalló**[4] la guerra, año y pico más tarde, cayeron en las primeras **redadas**[5] José Taronjí y los dos hermanos. Algún tiempo después, por medio de un hombre llamado Herbert Franz, que regresaba a su país, envió mensajes a la Central del Partido. Pedía instrucciones y **enlaces**.[6] Más tarde, fogoneros,[7] marineros, camareros de barco, procedentes de puertos italianos, **recalaban**[8] en la isla y entraban en contacto con Alejandro Zarco.

Tal vez uno de aquellos enlaces fue sorprendido por la policía. Tal vez, había montado un servicio de vigilancia en el Port, donde se celebraban últimamente las reuniones. Una tarde, la policía les sorprendió y Alejandro Zarco fue encarcelado. Concretamente: el 5 de febrero de 1937. Lucía el sol, aún, y partían algunas **lanchas**[9] de pesca. Las mujeres tendían las **redes**[10] en la arena, y el agua aparecía quieta, **mansa**,[11] como un animal dormido.

I

Todas las cosas que le **conmovieron**[12] caían, como lluvia de arena, dejándole seco, intacto. Se sentía **granítico**[13] pesando vanamente sobre la tierra. Al otro lado de la

---

[3] *Comité Central*—Central Committee; the headquarters of the Republican party in Madrid.

[4] **estalló**—broke out.

[5] **redadas**—raids.

[6] **enlaces**—links, connections.

[7] *fogoneros*—stokers, firemen; men who tend the fires for a boat's steam engines.

[8] **recalaban**—docked.

[9] *lanchas*—launches.

[10] *redes*—nets.

[11] *mansa*—tame, gentle.

[12] **conmovieron**—moved, touched.

[13] **granítico**—granitic; unyielding, immovable.

ventana **acechaba**[14] el otoño, y el verano **yacía**,[15] incoloro, húmedo. Algún fuego invisible prendía las paredes de las casas, lejos de allí.

—Hijo mío, responde —repitió el **abad**.[16]

Por primera vez, Manuel le miró.

—No tengo nada que decir.

Su propia voz le sorprendió. Comprendía que estaba libre, que en todo lo que le rodeaba había una belleza remota: algo olvidado, **podrido**,[17] como las caídas hojas de los árboles. Era el monasterio de siempre, el de su infancia, el abad era el de entonces, y, allí fuera, palidecía el mismo cielo.

—Manuel —volvió a nombrarle el abad—. Manuel, hijo mío.

Le puso una mano en un hombro. Volviendo **ligeramente**[18] la cabeza a un lado la miró, y en aquel momento, bajo aquel levísimo contacto, se le encendió una ira menuda, feroz, como una última llamarada. Aún flotaban las palabras del abad, delante de sus ojos, como fuegos fatuos,[19] **huidizos**[20] y zigzagueantes.

(*Jorge de Son Major ha muerto. Jorge de Son Major hizo testamento. Te reconoce como hijo suyo, legítimo* **heredero**[21] *de su casa y de todos sus bienes, y exige tu presencia en sus funerales. Por fin, Jorge de Son Major ha reparado su* **equivocación**.)[22]

—A mi padre —dijo Manuel—, hace tiempo que lo mataron. No entiendo otra cosa, por ahora.

---

[14] **acechaba**—was lurking.

[15] **yacía**—lay.

[16] **abad**—abbot; the superior at a monastery.

[17] **podrido**—rotten.

[18] **ligeramente**—slightly.

[19] **fuegos fatuos**—will-o'-the-wisp; the spontaneous ignition of marsh gas produced by decaying plants; by inference, anything elusive and mysterious.

[20] **huidizos**—evasive.

[21] *heredero*—heir.

[22] *equivocación*—mistake, error.

Dos pájaros chillones cruzaron por la abierta ventana, y el abad pareció sobresaltarse.

—Pero, hijo mío, hijo mío. . .

(Yo encontré el cuerpo roto y desmembrado de un hombre, como un grande y trágico polichinela,[23] acribillado a balazos[24] contra la arena. El gran muñeco, el trágico payaso, de pronto así, patente y claro, a mis pies, en toda su crudeza, pobre José Taronjí que me dio su apellido, gritando en el suelo **mudos**[25] reproches doloridos. Su humillado cadáver. Ni siquiera el odio le podía salvar, en medio de su muerte. También tuvo miedo, en el último momento. Pobre José Taronjí, cortaron **súbita**,[26] brutalmente, todos sus **hilos**,[27] y ni el odio le pudo dar fuerzas para morir, **huyendo**[28] por el terraplén abajo, atrapado, como un conejo.) Ahora, la ira que parecía inflamarse sobre la tierra, allí fuera, en un sol ya inexistente, le iba dominando. A él, a Manuel (a mí, al pobre muchacho que fui siempre, el pobre diablo atrapado, también, que fui siempre. Atrapado, ésa es la palabra. La imagen, me persigue,[29] el recuerdo de José Taronjí, con la boca y los ojos **vidriosamente**[30] abiertos y su seca sangre sobre la camisa, de bruces,[31] en la arena, como buscando **amparo**[32] contra la **panza**[33] de la barca. No lo he olvidado).

---

[23] polichinela—Punchinello (as in Punch-and-Judy); a fat, short, humpbacked clown with a hooked nose in Italian puppet shows.

[24] acribillado a balazos—shot down.

[25] **mudos**—unspoken, silent.

[26] **súbita**—suddenly.

[27] **hilos**—threads.

[28] **huyendo**—escaping.

[29] **me persigue**—chases me, persues me.

[30] **vidriosamente**—glassily.

[31] de bruces—face down.

[32] **amparo**—shelter.

[33] **panza**—belly.

—Hace tiempo que le mataron —insistió. Pero esta vez su voz le sonó blanda, incolora—. No sé a quién he de ir a honrar en sus funerales.

La mano del abad pesó más en su hombro. Estaban sentados, como tantas veces antes, frente a frente, entre las paredes encaladas, bajo la negra cruz de **cedro**.[34] (*Manuel, el señor de Son Major te distingue con su* **aprecio**.[35] *Hoy te ha enviado un nuevo paquete de libros. Da gracias a Dios, de que este noble señor te distinga tanto.*) Una burla **indómita**[36] y pueril, como una pequeña pelota de niño, saltaba de rincón a rincón.

—Siempre fuiste bueno, Manuel. Yo nunca perdí mi confianza en ti, tú lo sabes.

Manuel buscó sus ojos, con fría curiosidad. (Yo no conozco a este hombre.) Los ojos **pardos**[37] e **irisados**,[38] en el rostro **menudo**,[39] y **manojos**[40] de **arrugas**,[41] **nidos**[42] de tiempo, en torno a la boca. Desde la barbilla descendían dos **surcos**[43] hondos, cortados en el **escote**[44] del hábito.

—¿También cuando me llevaron al reformatorio?

—Todos **expiamos**[45] culpas **ajenas**[46] —dijo el abad—. Todos los elegidos. ¿Ya no te acuerdas, Manuel? ¿No era hermoso, acaso, Manuel? Recuérdate a ti mismo, aquí, en este lugar, hijo. Cuando yo te decía: "Quizá te eligió

---

[34] **cedro**—cedar.

[35] *aprecio*—appreciation, esteem.

[36] **indómita**—untamed, irrepressible, indomitable.

[37] pardos—brownish-grey.

[38] irisados—iridescent.

[39] **menudo**—tiny.

[40] **manojos**—bunches.

[41] **arrugas**—wrinkles.

[42] **nidos**—nests.

[43] **surcos**—clefts.

[44] **escote**—neckline.

[45] **expiamos**—expiate, make amends, atone.

[46] **ajenas**—from others.

el Señor, para **purgar**[47] las culpas de la tierra". Sí, Manuel, tú siempre fuiste bueno.

(Un desconocido. La celda blanca, el Cristo, los nidos vacíos **colgando**[48] en el alero,[49] sobre la ventana abierta, son más familiares que él.) Un largo estupor, invadido de gritos de pájaros, de voces de muchacho y olor de hojas quemadas ascendía. (Pero mi padre ha muerto. Yo lo recogí del suelo. Pobre José Taronjí, la muerte te dio tu verdadera **medida**.)[50]

El invisible fuego de septiembre prendía el claustro, las **aterciopeladas**[51] hojas que no mueren, como un sordo canto de la tierra.

—Hablo de tu verdadero padre, Manuel. Gracias a Dios, hijo mío, se hizo justicia. Yo te he sacado de allí, y **te aseguro**[52] que no volverás. Prepárate a ser digno de tu nombre. . .

La sonrisa de Manuel detuvo sus palabras.

—Mi padre fue asesinado por los hermanos Taronjí, sus parientes —repitió, con maligna **tozudez**—.[53] Ese me dieron como padre. Yo lo recogí en la barca de doña Práxedes, y lo llevé a casa. Mi madre lavó el cuerpo, la sangre. . . También lo peinó. Me acuerdo muy bien. Fue al **armario**,[54] sacó una camisa limpia, y le quitó los zapatos. Al día siguiente, nosotros mismos lo enterramos. Lejos, donde no pudiera ofender a nadie.

El abad cerró los ojos y cruzó las dos manos sobre su vientre. Un temblor leve había aparecido en las **aletas**[55] de su nariz.

---

[47] **purgar**—to purge, to expiate.

[48] **colgando**—hanging.

[49] alero—eaves.

[50] **medida**—measurement.

[51] **aterciopeladas**—velvety.

[52] **te aseguro**—I assure you.

[53] **tozudez**—stubbornness.

[54] **armario**—wardrobe.

[55] **aletas**—wings.

—Baja, Manuel —dijo—. Fuera de estos muros, donde ninguna mujer puede entrar, alguien te está esperando. Ve y sé piadoso con ella.

(Ella.) Desde hacía tiempo, no sabía desde cuándo, si desde aquel mismo vientre donde empezó a **latir**,[56] o desde ahora mismo, en que acababa de hablar el abad diciendo: "sé piadoso con ella", un oscuro rencor le invadía, antiguo y secreto (tal como debe sentirlo la tierra contra las mil formas que la **hieren**[57] y la mortifican, y a las que **alienta**[58] a un tiempo). Un rencor pasivo y sin furia, no exento de amor, le transformaba. Él vio a los árboles mudar las hojas; y desprenderse de su corteza; también él estaba despojándose lenta e inexorablemente de su **crédula**[59] infancia, del último **sopor**[60] del sueño. (Este rencor pasivo y sin odio, sin consecuencias siquiera, que antecede tal vez al amor humano, o al odio, que **brota**[61] con la mágica regularidad de las estrellas o la hierba.) Ella, a quien nada podía reprochar desde su conciencia humana, pero que era él mismo, su carne, sus huesos, su conciencia, un vivo y alentante reproche. (No soy un buen muchacho. Soy un erróneo e indisciplinado muchacho que no sigue las leyes, ni las honras, ni los **lutos**,[62] ni la alegría, ni la lógica y decente **cobertura**[63] de los **intachables**[64] que viven aquí. No soy un buen muchacho, soy un **rebelde**[65] a la violencia y a la mentira que **bondadosamente**[66] cubren las culpas, la

---

[56] **latir**—to beat.

[57] **hieren**—wound, hurt.

[58] **alienta**—encourage, inspire.

[59] **crédula**—credulous, gullible.

[60] **sopor**—drowsiness.

[61] **brota**—sprouts, rises.

[62] **lutos**—mourning.

[63] **cobertura**—covering.

[64] **intachables**—untouchables.

[65] **rebelde**—rebel.

[66] **bondadosamente**—kindly, gently.

vergüenza y el malestar de la tierra. No soy un buen muchacho, soy un indecente adepto[67] de la verdad, soy un inmoral **destripador**.)[68] Hacía mucho tiempo que no lloraba. Aunque casi nunca lloró (una vez sí, me acuerdo bien, cuando **inopinadamente**[69] llegaron los vencejos[70] a la puerta abierta, y gritaban que la vida estaba despertando, y yo no lo sabía, y tenía sólo diez años y leía historias que pretendían definir la *verdadera vida,* muros afuera, y llevaba un pardo sayal,[71] y los otros muchachitos se burlaban de mi pelo rojo de judío, y el abad dijo *Jesucristo tenía también el pelo rojo,* y los niños **enmudecieron**[72] y yo me sentí enfatuadamente elevado, como un globo a punto de estallar entre las nubes, y me tragué el **cebo**[73] de la bondad, como un estúpido y gordo pez se traga el **gusano**[74] de su propia muerte). Miró al abad, el hombre que, quizás hasta aquel momento, respetó más en su vida. El abad hablaba ahora de la muerte de su padre. De la muerte. (Pero ningún hombre es respetable, ni aun los santos, ni aun los locos, ni aun los niños que juegan con piedras junto a los pozos, gritándose unos a otros la guerra, con inocente crueldad, **sedientos**[75] de un heroísmo que no conocen. Nadie es respetable hasta ese punto, aunque se anuncie la paz, el amor y la *verdadera vida.*) (¿El amor?; ¿qué amor?) Todo se había **despedazado**,[76] todo era seca, **crujiente**[77] lluvia de arena sobre y en torno a uno mismo, sin **hollar**,[78] ni

---

[67] adepto—follower.

[68] **destripador**—ripper.

[69] **inopinadamente**—unexpectedly.

[70] vencejos—martins; birds similar to swallows, with split tails.

[71] sayal—coarse woolen fabric.

[72] **enmudecieron**—became mute, speechless, silent.

[73] **cebo**—bait.

[74] **gusano**—worm.

[75] **sedientos**—thirsty.

[76] **despedazado**—gone to pieces, broken into pieces.

[77] **crujiente**—crunching.

[78] **hollar**—treading on, trampling on.

quemar, ni humedecer, ni dejar **huella**[79] alguna. Arena que regresaba a la arena y se quedaba así, **tendida**[80] y **asombrada**,[81] dejándose devorar y devolver a la playa, con regularidad exasperante. (El abad decía: *la muerte es la resurrección*. Y yo no sabía nada de la vida, ni de la muerte; sólo de un oscuro y tímido respeto hacia los hombres de mi casa: a José Taronjí, que no me quería; mi madre; los niños Tomeu y María. Muerte y resurrección, ¿qué podían ser, entonces? **Cálidos**[82] y **dorados**[83] fantasmas sobre la parda corteza de la tierra, **sembrada**[84] de raíces y **luciérnagas**.[85] En el centro del claustro hay una fuente con anchas hojas húmedas, y el abad decía: *Manuel, la muerte es resurrección*. Y llegaba el día de la Resurrección del Señor,[86] y las campanas **volteando**,[87] y los **frailes**[88] con sus largos hábitos suavemente empujados por el viento de abril, y el abad llevaba sus oscuras hojas de laurel, aún con **temblorosas**[89] gotas, en la mano derecha; y me besaba a mí, y a todos los muchachos, uno a uno, en la frente, y decía: *Cristo ha* **resucitado**;[90] y al lado brotaba el olor de la primavera **empapado**[91] de podredumbre, y el hermano jardinero **barría**[92] las hojas

---

[79] **huella**—track, trace, mark.

[80] **tendida**—stretched out.

[81] **asombrada**—amazed.

[82] **Cálidos**—warm.

[83] **dorados**—golden.

[84] **sembrada**—planted.

[85] **luciérnagas**—fireflies, glow-worms.

[86] el día de la Resurrección del Señor—the day of the Resurrection of Christ; Easter Sunday.

[87] **volteando**—ringing.

[88] **frailes**—friars.

[89] **temblorosas**—trembling.

[90] *resucitado*—risen.

[91] **empapado**—soaked.

[92] **barría**—swept.

que un vendaval[93] inopinado **arrancó**[94] de las **ramas;**[95] y
todo estaba empapado aún de la recientísima tempestad,
parecía que aún estaban ocultos debajo de la tierra los
relámpagos,[96] los enormes y blancos estallidos del cielo,
que nuestros oídos de niño aún podían presentir; el
trueno[97] que rodaba y se precipitaba hasta el fondo
del mar y las montañas, alentando bajo nuestros pies
descalzos,[98] en el **huerto.**[99] Reverberaba[100] la primavera,
hermosa y excesiva como la cal al sol, la tierra que podía
cavarse[101] y descubrir **hediondas**[102] y gelatinosas
materias, gérmenes de una vida que aún aterraba. El
claustro, en cambio, olía a **canela,**[103] como el pastel de
Sábado de Gloria,[104] hacia el que se tendían las manos y
las **escudillas**[105] de barro de los niños —hijos de
pescadores y campesinos que deseaban instrucción, a
costa de sus rapadas cabecitas y sus ojos bajos—; y algo
antiguo y místico brotaba de la fuente en el centro del
claustro: un punto más, y todo, dulzón y turbio como
incienso, olía también a podredumbre, como el corazón
de la tierra. Era primavera, y podía leer a las *horas punta
y él* me había enviado sus libros de viajes, siempre, sus
libros de viajes, sus cartas marinas, sus locos sueños de
islas —*un trato epecial y de mucho agradecer*— ah, sí, aquellos
libros turbados que hablaban de la ruta de las especias,

---

[93] vendaval—strong wind, gale.

[94] **arrancó**—pulled out.

[95] **ramas**—branches.

[96] **relámpagos**—lightning.

[97] **trueno**—thunder.

[98] **descalzos**—barefoot.

[99] **huerto**—orchard.

[100] **Reverberaba**—glittered, shimmered.

[101] **cavarse**—be dug.

[102] **hediondas**—stinking, fetid.

[103] **canela**—cinnamon.

[104] Sábado de Gloria—during the Catholic Holy Week, the Saturday after
Good Friday.

[105] **escudillas**—wide bowls.

y **cabalgaban**[106] nocturnas caravanas de barcos a toda vela sobre un mar de arena, sedienta y fosforescente. Y la vida **mugía**[107] como una vieja vaca, más allá de los claustros y de los pobres niños que querían ser buenos, y yo, envuelto en mi sayal pardo, me decía, con la rama de olivo entre los dedos: *resucitar es la gloria, la muerte es la vida.*)

Manuel se puso en pie. (¿Por qué ni siquiera me conmueve la evocación de la infancia, que, de algún modo, es feliz siempre? Un seco desierto delante de los ojos. Huellas de **pisadas**[108] en la arena, espectros de pasos que fueron, fáciles a huir con el primer viento.)

—Cuando te llevaron al correccional —dijo el abad—, yo me dije: algo horrible está ocurriendo, algo que, ni siquiera yo, puedo **alcanzar**.[109] Pero, Manuel, hijo mío, los caminos de Dios avanzan entrecruzados, senderos de sombras y de luz que nosotros, los pobres mortales, nunca comprenderemos.

Era otra vez la misma voz, los mismos conceptos, los mismos gestos. (Todo viejo, perdido, desvirtuado.)

Arena. Nada.

Baja —dijo el abad—. Cruza la puerta, sal. En la **explanada**[110] está tu madre, esperándote. Sé piadoso, Manuel, con una pobre mujer.

2

Una pobre mujer, entrada en años ya (**marchita**[111] belleza ásperamente pagada), con la cabeza envuelta en un pañuelo negro. Dos años no bastan, quizá, para que un cabello de mujer vuelva a su primitiva belleza, después de ser rapado. Una pobre mujer.

---

[106] **cabalgaban**—galloped.

[107] **mugía**—bellowed.

[108] **pisadas**—footprints.

[109] **alcanzar**—understand.

[110] **explanada**—esplanade; a promenade along a shore.

[111] **marchita**—withered, faded.

(Las mujeres la arrastraron hacia la plaza. *Porque se ha insolentado.* No puedo imaginar, ahora, su insolencia, sólo el brillo de los ojos, de un azul-verde encendido, en su rostro **asustado**[112] y blanco, inexpresivo bajo el miedo, en el sol impío de la plaza. El sol que devastaba a la hierba y a los hombres, que secaba los insectos y volvía ceniza las hojas caídas de los árboles.)

Estaba fuera, en la explanada, bajo el último sol del verano, sentada en uno de los **bancos**[113] de madera que instalaron los campesinos para cuando subían de **romería**[114] con sus carros, y llenaban la hierba de **cascotes**[115] verdes de botellas, de **cirios**[116] y **cintas**,[117] rosas de colores y **grasientos**[118] papeles, pisoteados. Estaba sentada, mirando hacia el suelo, con las manos cruzadas sobre las rodillas.

Cuando iba a casa, por Navidad, ella me esperaba a la puerta del huerto, en nuestra casa, en el **declive**[119] cubierto de almendros y olivos, sobre el mar. Tenía un vocabulario extraño, de mujer de pueblo, *mi cordero*[120] *perdido, mi tesoro,* sonriendo apenas, con vaga sonrisa que más lucía en los ojos que en los labios; allí estaba, con toda la luz del invierno alrededor, entre los árboles negros, sin pájaros, sin lluvia siquiera. Abría los brazos, me abrazaba, **apretándome**[121] contra ella; y el olor de la **lana**[122] de su vestido, su áspero contacto en mi piel, y el

---

[112] **asustado**—scared.
[113] **bancos**—benches.
[114] romería—pilgrimage to a shrine where a festival or celebration is held.
[115] **cascotes**—debris, rubble.
[116] cirios—long wax candles.
[117] cintas—ribbons.
[118] **grasientos**—greasy.
[119] **declive**—slope.
[120] *cordero*—lamb.
[121] **apretándome**—pressing me.
[122] **lana**—wool.

vago malestar que me invadía; y mi timidez ante las expresiones de cariño, ante cualquier manifestación violenta; mi **arisco**[123] estupor por todas las cosas de los hombres. Porque aquí, en el monasterio, yo vivía aparte, en una gran serenidad. Y ella, entonces, guardaba frutas para mí, también distintas, y las cortaba y les quitaba la piel, *para mi frailecito,* solía decir con su extraño lenguaje que me desconcertaba, *lavará las culpas del mundo, con su bondad.* Pero yo no podía entenderla; y la miraba, me asombraba de ella, de su voz, de la irritante belleza de su pelo rojo, vivo como una **hoguera,**[124] en torno a su frente blanca y abombada; las **pestañas**[125] largas aleteando como **mariposas**[126] de oro. Qué extraña me parecía, tan distinta a las otras mujeres que veía. Pestañas rubias, ojos claros, extraña criatura de manos **hábiles**[127] y uñas **tornasoladas,**[128] raras uñas en una mujer de pueblo. Y las mujeres del pueblo, aquella tarde, la arrastraron al centro de la plaza. *Se ha insolentado.* Y ella, que escogía las uvas negras y azules, y las oscuras manzanas de septiembre, para mí, *se había insolentado;* ¿acaso su extraño lenguaje era para las mujeres insolencia?, y la arrastraron, como una **cabra**[129] remisa al matadero.[130] Había perdido un zapato en el **forcejeo,**[131] y, de la media rota, asomaba el dedo blanco, casi obsceno, ridículo, en la luz áspera de la tarde, sobre el polvo de la plaza; y un hilo de sangre le caía por la comisura,[132] porque la mujer del

---

[123] **arisco**—surly, unfriendly.

[124] **hoguera**—bonfire.

[125] **pestañas**—eyelashes.

[126] **mariposas**—butterflies.

[127] **hábiles**—skillful.

[128] **tornasoladas**—changeable, iridescent.

[129] **cabra**—goat.

[130] matadero—slaughterhouse.

[131] **forcejeo**—struggle.

[132] comisura—corner of the mouth.

herrero[133] la había **abofeteado**.[134] La mujer del herrero decía: *un escarmiento*,[135] eso había que hacer, un escarmiento con gentes así, como ella, y ella se defendía, sin esperanza, se defendía sin coraje, pero tenaz, pasiva, como un animal dulcemente **terco**,[136] **impávido**,[137] inocente de su misma solemnidad. Y los niños vinieron a gritarme a mi casa, y algún muchacho también: *¡la van a **pegar**[138] a Sa Malene, las mujeres quieren dar una paliza[139] a sa Malene!*; y yo salí corriendo hacia la plaza, casi sin darme cuenta yo estaba corriendo, y vi el grupo furioso, allí en el centro de la plaza, el desordenado y violento grupo de mujeres vestidas de negro; y el herrero me cortó el paso, el olor de su **mandil**[140] de cuero contra mi cara, y la dureza de su brazo, cruzándose sobre mi estómago y apretándome contra la pared, para detener mi carrera: *estáte quieto, chico, son cosas de mujeres, estáte ahí, mírame a mí, soy un hombre, ¿no? ¿No soy un hombre, acaso?, pues no me meto en esas cosas de mujeres, quieto, quieto*, y me apretaba más contra la pared, mirándome, con sus ojillos pequeños en los que, de pronto, descubrí una **salvaje**[141] tristeza, una desesperada tristeza que venía de muy lejos, como el odio: algo pasivo y tan hondo que el cuerpo de un hombre no puede soportar sin un infinito **cansancio**.[142] Y a ella le quitaron el pañuelo de la cabeza y deshicieron su trenza, que llevaba **arrollada**[143] en un **moño**,[144] que yo vi tantas veces hacer y deshacer, siendo

---

[133] **herrero**—blacksmith.

[134] **abofeteado**—slapped.

[135] *escarmiento*—warning, lesson.

[136] **terco**—stubborn, hard-headed, obstinate.

[137] **impávido**—impassive, fearless.

[138] *pegar*—to beat.

[139] *dar una paliza*—give a beating.

[140] **mandil**—apron.

[141] **salvaje**—wild.

[142] **cansancio**—fatigue, tiredness, exhaustion.

[143] **arrollada**—coiled up.

[144] **moño**—bun, topknot.

muy niño, cuando aún la contemplaba sentado en la cama, y ella se peinaba en un despacioso y pueril rito; algo tan bello y todos los días nuevo, parecido al quehacer de los pájaros en el alero del tejado. *Ten piedad con esa pobre mujer*, acaba de decir el abad. Pero es posible que la piedad la sorprenda, porque, a mi entender, nadie tuvo nunca piedad de ella. Y de un brutal empujón la doblaron de rodillas en el suelo. Risas y gritos, y una ácida alegría, implacablemente femenina; trajeron unas tijeras grandes, de **esquilar**[145] ovejas, y había un par de niñas, también; una de ellas se llamaba Margelida, con una negra, gruesa y brillante trenza sobre la espalda, ojos redondos y escrutadores, llenos de sedienta curiosidad; tendría doce o catorce años, y agresivos pechos empujando su blusa azul, demasiado estrecha, y piernas macizas e impacientes; y la otra, más pequeña, como un perro menudo, detrás de ella, y las dos **chillando**,[146] con chillidos de filo contra la piedra de la rueda, se llevaban entre los **puños**[147] cerrados, como serpentinas de oro, la trenza de la pobre mujer por la que ahora yo debo sentir piedad. Como cintas brillantes al sol, aquellas dos niñas se llevaban el amoroso trenzar y destrenzar que yo contemplé en un tiempo —quizá tenía tres años, o cuatro, a lo sumo—, sentado en la cama, cuando ella se reflejaba en el espejo negro de la cómoda. Y mientras las niñas se llevaban los encendidos mechones en los puños, veía yo los brazos de ella, en otro tiempo, en alto sobre la nuca; y al sol, como polvo de oro, y su boca **erizada**[148] de **horquillas**[149] negras, que me atemorizaba, mientras que ella se reía, entre dientes, y yo no entendía lo que me

---

[145] **esquilar**—to shear.
[146] **chillando**—screaming.
[147] **puños**—fists.
[148] **erizada**—spiked.
[149] **horquillas**—hairpins.

decía, pero las púas[150] negras entre sus labios eran el anuncio de algo feroz y gratuito, bajo aquel mismo sol que, de pronto, se había vuelto **hembra**,[151] voraz[152] como un ídolo, carnicero y **ultrajado**[153] como las mujeres de la plaza. *Nadie es bueno*, decía el abad, *el santo más santo* **peca**[154] *siete veces al día*; mientras yo, niño en sayal, iba **recogiendo**[155] la fruta del huerto, junto al hermano **hortelano**,[156] y me decía: *nadie es malo*. Muchacho **torpe**,[157] pelirrojo como el diablo, como jesucristo, tal como me quisieran mirar, bajo qué sol o qué noche, pobre muchacho que recogía legumbres y espiaba ilusionadamente el florecer de las blanquísimas gardenias[158] en el jardincillo del abad, y corría, como un **cachorro**[159] que persigue abejas, o mariposas, o un papel de plata —de esos que quedan olvidados, como necias estrellas, en la hierba, tras las romerías—, hacia el abad, y gritaba: *¡Padre, ya han asomado, ya han nacido las gardenias!*, mientras me **agarraba**[160] con las dos manos a la **verja**[161] pintada de verde, y notaba mi corazón, allí, en los hierros, como una campana muda. *Nadie es malo*, me decía, tras los pies descalzos y **callosos**[162] del hermano, hortelano, con mi **capazo**[163] de rafia repleto de lechugas verdes, rojos tomates, anaranjadas zanahorias, y el color de la tierra era misterioso y atrayente

---

[150] **púas**—spikes.

[151] **hembra**—female.

[152] **voraz**—voracious, greedy.

[153] **ultrajado**—outraged, offended.

[154] *peca*—sin.

[155] **recogiendo**—picking.

[156] **hortelano**—keeper of an orchard.

[157] **torpe**—clumsy.

[158] gardenias—gardenias; fragrant white flowers.

[159] **cachorro**—puppy.

[160] **agarraba**—seized, grabbed.

[161] **verja**—fence.

[162] **callosos**—calloused, hardened, toughened.

[163] **capazo**—large basket.

como una historia. Era hermoso el mundo, con todo su dolor; porque el dolor era entonces incienso turbador; y yo creía que mis hermanos me aguardaban en alguna parte. Y el abad decía: *debéis entender que el dolor es bueno, que sólo de egoísmo está hecha la corteza del mundo.* Y allí, en la plaza, la mujer quedó al fin sola, **arrodillada**,[164] golpeada, con su cráneo semidesnudo. Mechones mal tijereteados nacían de él, como hierba mal **segada**;[165] allí estaba, **salpicada**[166] de mechones rojos y de risas, que eran también mechones de algún fuego invisible, ininteligible aún para mí. Entonces, el herrero aflojó el brazo sobre mi estómago, y me dijo: *Anda, vete a casa. Créeme es por tu bien, vete a casa, hijo mío.* Me llamó aquel día *hijo mío*, como me llamó José Taronjí, muerto a balazos, como me llamó el abad, como me llamaba aquella pobre mujer, que se incorporaba lentamente de la tierra, primero una rodilla, luego otra, que se llevaba una mano temblorosa hacia la nuca **rapada**;[167] y aquella mano se quedó un rato, perpleja, en el **tibio**[168] **hueco**,[169] igual que un pájaro a quien la tormenta destruyó su nido. Pero Jorge de Son Major nunca me llamó hijo mío. Y ahora, ¿por qué?, ¿qué puede **unirnos**?,[170] ¿qué **lazo**[171] invisible llega hasta mí a través de la muerte, **ahogándome**?[172]

Bajo la **higuera**,[173] Sa Malene seguía inmóvil, sentada en el banco, encendida por el último resplandor de la tarde.

---

[164] **arrodillada**—kneeling down.

[165] **segada**—cut.

[166] **salpicada**—dotted, splashed.

[167] **rapada**—shaved.

[168] **tibio**—warm.

[169] **hueco**—hollow.

[170] **unirnos**—bring us together.

[171] **lazo**—tie.

[172] **ahogándome**—drowning me.

[173] **higuera**—fig tree.

—Madre —dijo.

Ella se volvió a mirarle, tímidamente, y se puso de pie. Llevaba un pañuelo apretado en el puño derecho. Era algo tan suyo, aquella punta blanca y larga, colgando, como un ala mojada, que de un golpe le devolvió la infancia, en el declive. La abrazó en silencio, y ella levantó la mano, le tocó la cabeza, le echó hacia atrás el pelo.

—¿Estás bien?

—Sí. Estoy muy bien.

—No te he escrito nunca porque, ¿qué iba a decirte? Además, allí no sé si te llegarían las cartas, ni si te las darían. Ya sabes . . . yo soy una ignorante. No hubiera podido callar algunas cosas. Ya me conoces, no sé callar a veces. Por eso. , ,

Vio que sus ojos aún resplandecían, casi como los de una niña, en la cara marchita. Le irritaron aquellos ojos, aquella, a su pesar, inocencia casi patológica.

Era como una enfermedad, su pureza en el mal, su pasividad en el **azote**.[174] Dijo:

—Déjalo, madre. Mejor así. No quería saber nada de nadie.

Ella retorció el pañuelo, y dijo, precipitadamente:

—Manuel, nunca hemos hablado tú y yo claramente, pero tú lo sabías, ¿verdad?

Levantó la cabeza y miró el cielo rojizo, sobre los árboles y la cúpula verde del monasterio:

—¿Qué, madre? ¿Qué José Taronjí no era mi padre? ¿Que mi padre era Jorge de Son Major?

Ella parecía asustada. Quizá porque nunca le oyó hablar así.

—Pero ahora lo reconoce —balbuceó.

—Madre, ¿ya no te acuerdas? ¿Ya lo has olvidado? Yo te traje el cuerpo de José Taronjí, y, juntos, lo fuimos a enterrar.

---

[174] **azote**—whip.

Sa Malene levantó una mano, como para **taparle**[175] la boca. Unas **rayitas**[176] tenues se dibujaban en las comisuras de sus labios:

—Calla, hijo. . . Atiende. Atiende esto otro. Olvida tu historia.

De pronto sintió que no la amaba. (Ni a ella, ni a mis recuerdos, ni a las gardenias que florecían inopinadamente, cuando ya casi desesperaba de que apuntaran.) No amaba a nada ni a nadie. Y dijo.

—Yo no tengo historia.

(Yo no tengo historia. A un niño le dicen: este hombre es tu padre. Y lo matan. Y otro hombre lo manda llamar por su **criado**,[177] y le dice: *ven a acompañar a un viejo que te quiere bien, y olvida la familia, los padres y los hermanos que te di. Déjalo todo, para divertir y acompañar a este pobre viejo. Olvida a tus hermanos por este pobre viejo.* ¿Esto es una historia? Era un buen muchacho. Eso decían todos: *eres demasiado bueno.* Y me culparon de lo que no había hecho, y me enviaron a un correccional, porque no estaba bien visto, no era de ellos. Sin embargo, ahora me llaman, porque mi padre *no era* el **apestado**,[178] porque mis hermanos *no eran* los apestados, porque mi familia no es la que el señor bondadoso me había señalado. Mi familia, ahora, es sólo el cadáver de aquel que me enviaba a su criado, como al diablo entre los olivos, para decirme: *deja a los tuyos y ven a hacer compañía a mi señor, que te quiere bien.* Libros, regalos, sueños de viajes. Me quería distinguir y enemistar. No tengo historia. Esto no es una historia, es algo feo, largo y oscuro, con cien patas, como una oruga.)[179]

—Madre, no quiero nada. No soy nadie.

---

[175] **taparle**—to cover.

[176] **rayitas**—little, very fine lines.

[177] **criado**—servant.

[178] **apestado**—plague-ridden, pestilent.

[179] oruga—caterpillar.

Ella dijo:

—Hijo mío: nunca te entendí bien cuando hablabas, bien sabe Dios que a veces me parecía que usabas una lengua extranjera: tal vez tienes demasiada instrucción, para una pobre mujer como yo. Pero ahora menos que nunca te puedo comprender, Manuel. Menos que nunca... Somos pobres, Manuel. Tus hermanos tienen hambre.

En aquel momento la llama se apagó, y se sintió de nuevo solo, con su indiferencia.

—Da lo mismo madre —dijo, apagadamente—. Haré lo que tú quieras.

Ella le rodeó el cuello con el brazo, lo atrajo hacia sí. Estaba llorando, con un suspiro de alivio (me extraña ella, de la misma manera que las hojas de la higuera, o el color del cielo), y le dijo:

—Éste es mi hijo. Éste es mi Manuel.

3

En el centro se alzaba aquello negro, largo, suntuosamente **macabro**,[180] levantado en alto, para que todos lo vieran. Estrecho e irreparable, a su alrededor el oro palidecía, y los artificiales soles que salpicaban la oscuridad de un lado a otro, como **titubeantes**[181] arañas, eran sólo espectros de algún otro resplandor. Un almohadón de terciopelo negro esperaba inútilmente su cabeza. Como servida para un festín, allí estaba la muerte, de la que todos debían participar.

Frente al altar, en el centro, estaba su **reclinatorio**,[182] tentador y voluptuoso como un tronco. Doce enormes candelabros de madera **tallada**,[183] mantenían **velones**[184] que ardían, callada y apasionadamente, como arrancadas

---

[180] **macabro**—macabre; pertaining to death.

[181] **titubeantes**—hesitant, faltering.

[182] **reclinatorio**—kneeling stool.

[183] **tallada**—carved.

[184] **velones**—thick candles.

lenguas. (El diablo en persona acudía a sus fiestas, envuelto en una capa de terciopelo negro, los ojos detrás de unos lentes ahumados, decía Es Mariné. Es Mariné, Sanamo, ¿dónde estáis ahora?, ¿adónde fuisteis relegados en este festín, vosotros que no le habéis dejado de amar? Pero el amor, como la aventada ceniza de los cementerios, ¿adónde va? ¿Dónde va a parar el humo del amor, las partículas invisibles y negras del amor quemado? Es Mariné, Sanamo, sólo vosotros le amasteis, y ahora nadie os ha hecho un lugar en este último banquete nupcial. Éstas son las bodas de vuestro señor, por fin el eterno **solterón**[185] ha celebrado **esponsales**[186] dignos de él. Historias, leyendas que me contabais los dos, viejos **malvados**,[187] al amparo de un silencio que era peor que una **argolla**[188] de hierro en mi cuello de niño. Malditos seáis todos, él y vosotros, por vuestras historias, por vuestros espectros de barcos, por vuestras malditas islas.) Y de allá arriba bajó el viento, lamentándose, **profiriendo**[189] algo. (He oído decir que tiene fama el órgano de Santa María), un viento abrasador, algo tórrido que ardía y **helaba**[190] casi sin transición (¡cuándo podré desprenderme, cuándo, del claustro, del monasterio, de las islas, del amor!), algo que era el viento empujando un enorme cañaveral metálico, por el que la tempestad de algún oscuro y devastador mundo se hubiera puesto a soplar impíamente, haciendo temblar todas las islas, haciendo vibrar la tierra y el agua. También las **vidrieras**,[191] con San Jorge y los Mártires, parecían **zarandeadas**[192] en aquel sonido no humano, no brotado de los hombres,

---

[185] **solterón**—bachelor.

[186] **esponsales**—betrothals, engagements.

[187] **malvados**—wicked.

[188] **argolla**—ring.

[189] **profiriendo**—uttering.

[190] **helaba**—froze.

[191] **vidrieras**—stained-glass windows.

[192] **zarandeadas**—to shake.

sino de algún otro lugar (al que navegamos todos, aquí metidos en la nave de piedra y cristales emplomados, rubí, verde esmeralda y exasperado amarillo; en un barco espectral, un velero que no deja huella, ni surco alguno, a pesar de navegar en la arena reseca; porque sólo navega hacia eso otro alto, oscuro y terrible, que **esgrimimos**[193] como una enseña, negra y cerrada. Pero ahí no está él, el que enviaba regalos al monasterio, el que enviaba historias de viajes imposibles, aquí no está él, el displicente, evasivo, orgulloso, distante, indiferente como las palmeras que **se mecían**[194] al sol junto a la **tapia**[195] de su casa, aquí no está su cuerpo abrasadoramente triste, gratuitamente triste, aborreciblemente triste, el que sembraba el desorden en las conciencias de los niños, como yo, como aquel pobre y **vil**[196] Borja, como aquella niña que se llamaba Matia, que han desaparecido, como desaparecí yo, y vagan quién sabe con qué rumbo, hacia qué isla de arena, como yo, crecidos, distintos, otros. Jorge de Son Major ha muerto, pero no ahora, sino hace tiempo, en las cenizas del Delfín. Ahora sólo ha regresado a la tierra, como regresan las mariposas y las **nutrias**[197] muertas, las amapolas muertas y las golondrinas muertas, como toda la muerte física y **bienhechora**[198] que alimenta la tierra y la vida que hollan nuestros pasos. Toda la tierra está herida por pisadas que fueron, huellas de pies que ya pasaron, piedras de algún esplendor que aún queda, como esta iglesia —¿qué manos, bajo qué orden o deseo fueron levantadas estas paredes, esas vidrieras?— y esos hombres y mujeres ahí, detrás de mí, **rezando**,[199] con sus hermanos muertos, humillados y

---

[193] **esgrimimos**—we wield, we brandish.

[194] **se mecían**—rocked, swayed.

[195] **tapia**—adobe wall.

[196] **vil**—vile, despicable.

[197] **nutrias**—otters.

[198] **bienhechora**—beneficial, benevolent.

[199] **rezando**—praying.

ultrajados, ahora aquí, arrodillados, pensando sólo en sus negocios, en sus obligaciones, tal vez en su muerte: la que fue, o la que será.) El viento seguía sobre sus cabezas, **batiéndoles**[200] (zarandeándoles en su apatía o su miedo, su tristeza, su **glotonería**.)[201]

Manuel se arrodilló (como se arrodilló toda su vida el pobre José Taronjí). Sintió la **blandura**[202] del terciopelo en las rodillas, y aparecieron entonces las tres figuras negro y oro, relucientes, duras, tres grandes ídolos que avanzaban suaves, casi sin pisadas. Algunos niños vestidos de terciopelo negro, como suntuosos diablos, con largas **capuchas**[203] sobre la espalda, de las que pendían borlas[204] de oro, zarandeaban lenta y rítmicamente, como a impulsos del viento que bajaba de lo alto, sus incensarios[205] de muerte. Un olor viejo y dulcemente marchito vino hasta él (han nacido las gardenias, me contemplo a mí mismo ahogado y flotante como un náufrago, y este aroma lo aspira mi piel, mis ojos, mis oídos. Es como un vino tactado con mi olfato, evaporado y diseminado como niebla por entre las columnas. El incienso es rojo). Las voces se levantaron entonces, en el **coro**,[206] sobre y detrás de sus cabezas (es mi voz de niño, las voces de mi niñez en el claustro, **rebotando**[207] como insectos luminosos en las piedras de esta nave.[208] Los cristales **emplomados**,[209] el viento en el inmenso y feroz cañaveral, los niños cantores, y esa muerte ahí, larga y

---

[200] **batiéndoles**—battling against them.

[201] **glotonería**—gluttony, greed.

[202] **blandura**—softness.

[203] **capuchas**—hoods.

[204] borlas—tassels.

[205] incensarios—censers; vessels for burning incense, especially those swung on a chain during religious rituals.

[206] **coro**—choir.

[207] **rebotando**—bouncing, reverberating.

[208] nave—nave; the main part of the interior of a church.

[209] **emplomados**—leading.

negra, con su almohadón de terciopelo negro y oro, entre candelabros como árboles de oro, avanza. Avanza, avanzamos todos nosotros en el gran viento de este barco, o de este monstruo marino cuyas **costillas**[210] puedo contar sobre mí, como una jaula, avanza peligrosamente, lenta y **resbaladizamente**,[211] allí adonde yo no deseo ir, adonde no quise ir nunca. Por este gran mar oscuro, por el mar de bocas oscuras que se abren y cierran a mi espalda, a mis costados, por el mar de párpados hipócritamente velados, entre **siseos**[212] de dientes carnívoros, pidiendo algo con destino a sus mismas **fauces**[213] y **colmillos**.[214] Puede ser rojo el incienso, como puede serlo el cielo, las noches que amenaza tormenta, como la luna las vísperas del temporal, siempre sobre un **indescifrable**[215] mar. Un mar que me envuelve y me empuja hacia donde nunca he deseado . . . , y lo sé, lo sé, porque aún late en mí aquel muchacho que bajaba corriendo al huerto del declive, donde me esperaban los que me dieron por hermanos, con mis brazos llenos de paquetes y regalos de Navidad, declive abajo, gritando los nombres de mis hermanos: *yo quiero estar con vosotros, madre, yo quiero estar contigo, con él, con mis hermanos, esta es mi familia. Y ella decía: hijo, eres demasiado bueno.* ¿Por qué razón era demasiado bueno? Si no lo sabía, si no me lo parecía. Si nunca lo pensé. *Nadie es bueno. Nadie es malo,* decía mi corazón de nueve años golpeando contra la verja del abad, asomado a una atónita primavera, donde el nacer de las flores blancas era síntoma de la indudable bondad del mundo. No lo sabía. Pero ahora, arrodillado aquí, lo sé. *Hijo, eres demasiado bueno. Ni*

---

[210] **costillas**—ribs.

[211] **resbaladizamente**—slipperily.

[212] **siseos**—hissings.

[213] **fauces**—jaws.

[214] **colmillos**—fangs.

[215] **indescifrable**—undecipherable, unfathomable.

siquiera eso: *nadie es bueno, nadie es malo,* palabras sin sentido). Miró a su alrededor y de súbito entendió la llamada insolencia de Sa Malene. (¿Qué importancia puede tener ser bueno o malo? El mundo está planeado de otra forma, construido martillazo[216] a martillazo, clavo a clavo, ajuste con ajuste, de acuerdo a otro plan. Muy pronto me lo han demostrado, el mundo lleva otros rumbos, tiene una contextura diferente.) Sin **pavor**,[217] sin bondad, miró a su alrededor y les vio, tal como allí estaban, arrodillados, ni mejores ni peores, arrodillados y como acechando o esperando algo que iba a suceder de un momento a otro, o dentro de mucho tiempo, o quizá sólo era un gran deseo o temor de que sucediese. A su lado, vacío, estaba el reclinatorio de doña Práxedes, prima de Jorge de Son Major. (Al menos ella, que le odiaba, ha sido consecuente, y la muerte no ha **doblegado**[218] su forma de sentir y ser.) Se había excusado con su enfermedad, quizá real. En el contiguo reclinatorio, la prima de Jorge, Emilia. Apenas veía su perfil, vago y sonrosado, emergiendo del velo negro. Una masa informe, impersonal y ausente siempre, allí donde fuera. Volvió la cabeza a su derecha y algo **le sacudió**.[219] Desde entonces, desde aquellos días, no los había vuelto a ver. Pero allí estaban, junto al alcalde, ellos dos. El perfil de **halcón**[220] del hermano mayor, sobrepuesto, como en una medalla gemela, al perfil mal imitado, más blando, redondeado, del hermano pequeño. (Los Taronjí, el ruido de sus pisadas en las piedras, la negrura de sus guerreras bajo el sol. Los Taronjí, con el olor de las viejas hogueras en la piel, con olor de una antigua carne quemada, abrasándose sobre las piedras de la plazuela, **trepándoles**[221] a los

---

[216] martillazo—hard blow of a hammer.

[217] **pavor**—terror, fear, fright.

[218] **doblegado**—broken, crushed.

[219] **le sacudió**—struck her.

[220] **halcón**—hawk.

[221] **trepándoles**—climbing.

ojos y a los dientes y colmillos sedientos en la pálida cara, con el borde de los ojos oscuro, como el humo de la fulgurante y diabólicamente luminosa carne quemada, un humo graso, pegado a las ropas y a la sonrisa fría y fija y el miedo, como el terrible olor de una antiquísima carne quemada, de unos antiquísimos huesos desenterrados y quemados, de unos antiquísimos cadáveres desenterrados y quemados, con mechones de un viejo cabello podrido, emergiendo de los cráneos desnudos. Los Taronjí, con un redoble remoto tras de sus pasos, que olía a cirio entre unas manos atadas con soga;[222] y algo que era su propio redoble, el de su grandísima venganza y la larga cadena negra de su servil sonrisa hacia el señor de Son Major, y la señora Doña Práxedes, y los Príncipes de la Iglesia. Los Taronjí, como aquella tarde de verano, con el pequeño Tomeu, que vino corriendo terraplén abajo, los labios blancos, no podía hablar, las manos levantadas hacia mí, y yo le miré, pobre Tomeu, apenas tenía once años, me decía: *Manuel, Manuel, se lo han llevado... a él y otros que traían del Port.* No podía hablar, tenía que sacudirle los hombros para que dijera algo, él quería ser un hombre en aquel momento, y me miraba a mí como al único hombre que conocía y que le pudiera amparar, a mí, que tenía recién cumplidos dieciséis años, iba diciendo a golpes: *Los Taronjí, ¿quiénes, Tomeu, quiénes? Los Taronjí.* Un nombre que segaba el calor y la sombra, el sol y el blando fluir de la respiración; cuando fui a ella, y la vi echada sobre la cama, un brazo sobre los ojos, le dije: *No tengáis miedo, nada malo le va a pasar, sólo querrán interrogarle.* Pero ella levantó la cabeza, y en sus ojos había una desesperación antigua y fija, que me subió pecho arriba, y me exasperaba. Ah, los Taronjí, pasando por las callecitas silenciosas, a la hora muerta del sol, cuando el pavor de sus pisadas penetraba por las ventanas, y los hombres y las mujeres detenían el

---

[222] **soga**—rope.

quehacer, las manos en alto, y enfriaba la sonrisa y levantaba el miedo y sólo los perros se atrevían a **ladrarles**[223] de lejos, como el perrillo de José Taronjí, que salió a la carretera, y su **aullido**[224] era largo y ululante y **retador**[225] como el **presagio**[226] de una cruenta venganza, que algún día estallaría.) La alcaldesa, el alcalde, los **concejales**,[227] a su izquierda y derecha, de pronto el hermano con todos ellos, bajando la cabeza frente al incienso del mundo, como si ya no se oyera en alguna parte el crepitar de los calcinados huesos y el ululante grito del perro que **profería**[228] su protesta, con los globos de los ojos encendidos. Como si nada de todo aquello ardiera todavía, en algún lugar, en alguna conciencia, permanecía arrodillado en el reclinatorio que esperara domingo tras domingo, vanamente, en la iglesia, la presencia de su dueño, Jorge de Son Major. Estaba allí, en el heredado reclinatorio dorado, que le pertenecía ya con toda su magnificencia pasada; y presidía la gran farsa,[229] él (¿qué estoy yo haciendo aquí, cómo puedo yo estar aquí, así, arrodillado, a quién honro yo? Yo iba ya en el **vientre**[230] de Sa Malene cuando él la despidió de su casa y la casó con José. Yo iba en el vientre de Sa Malene, cuando José la llevó a su casa; y cuando yo nací él se inclinaba a mirar mi sueño, tal como Malene me decía: *te miraba dormir muchas veces, cuando se quedaba tanto tiempo trabajando, de noche, y cuando tuvo esas ideas que le habían entrado últimamente, con Zacarías, Simeón y todos ellos; una vez tú dormías, él te miraba, y dijo: sería curioso que fuera éste quien me vengara un día*, y, ahora, él está debajo de la tierra,

---

[223] **ladrarles**—bark at them.

[224] **aullido**—howl.

[225] **retador**—defiant.

[226] **presagio**—presage, omen.

[227] **concejales**—councilmen.

[228] **profería**—hurled.

[229] farsa—farce; humorous play or show marked by a mocking tone.

[230] **vientre**—belly, abdomen.

mezclándose a las cenizas de tantos como él, clamando desde el suelo, y yo estoy arrodillado aquí, ante una muerte que nada trae a la gran confusión, a la gran sed que me consume. El pueblo entero está aquí, ese mismo pueblo pisoteado por ellos, mezclado al pisoteador, todos están aquí, de pronto, como yo mismo, detrás de mí, acechante y expectante pueblo, manso y **turbio**[231] dragón que aguarda algo, **ahíto**[232] en parte, en parte hambriento. Algo que tal vez no sabe todavía lo que es, porque la sangre corre aún por sus colmillos, pero hay curiosidad en sus ojos, y la fácil emoción, la turbia excitación de la música del órgano y las angélicas voces de los niños. Sí ahí están todos, corruptores, corrompidos, **avasalladores**[233] y avasallados, destructores y destruidos, opresores y oprimidos, juntos y arrodillados como yo, especulando con algo, con alguien. ¿Cuándo acabará esto? ¿Quién se levantará contra esto? Muerte, nada más, aquí, en unos y en otros, sofocante **hedor**[234] de cirios, incienso y humanidad apretada bajo el vendaval del órgano, ante la muerte del gran indiferente. Especulando, sentándose a la puerta de sus tiendas, para comerciar con algo: hasta con el propio dolor y la propia humillación, ¿dónde están los hombres?, ¿dónde los gritos de los hombres?, sentados, esperando la hora de su **botín**,[235] fácil y oportunamente. Especulando con las voces de los niños, con la música, con el oro prohibido de la iglesia. Conmigo también.)

Manuel se levantó. Sin prisa, a pesar de que sentía todos los ojos fijos en él, excepto la lejana ceremonia de las tres arrogantes figuras de oro y terciopelo negro, que se movían suavemente en el altar, con sus cortesanas y

---

[231] **turbio**—dangerous, suspicious.
[232] **ahíto**—stuffed.
[233] **avasalladores**—subjugators, oppressors.
[234] **hedor**—stench, stink.
[235] **botín**—plunder, loot, booty.

delicadas **reverencias**[236] de uno a otro, y levantaban
suavemente sus **vestiduras**[237] para **colocarlas**[238] con gran
tacto sobre el respaldo de sus bancos. Impávidos,
proseguían su rito mortuorio,[239] sus voces que traducían
los gritos **angustiados**[240] de los muertos, mientras él se
volvía lentamente hacia el pueblo y avanzaba entre ellos,
partiendo[241] la **marea**:[242] y fue derechamente hacia la
puerta cerrada, tapada con terciopelo negro y oro, entre
las llamas de los doce grandes candelabros. Sólo las llamas
parecían lenguas cercenadas que desearan gritar alguna
cosa, como empujadas por la sacudida tormenta del
gran cañaveral. Avanzó sin decir nada, ni volver una
sola vez la cabeza hacia el terrible festín, hacia aquello
negro, cerrado, cruento, que se alzaba en el centro de la
nave. (Afuera está el sol. Tras esa cortina y de las rosas
de hierro de la puerta, está el polvo donde tuve tanto
que sufrir. Ahora, ya, el sufrimiento de un niño, de un
pobre muchacho abrumado, no tiene remedio; el vagar
de un niño que pedía trabajo de puerta en puerta no
tiene remedio; no tiene remedio las puertas que se cerra-
ban a mi paso, los brazos que se negaban a ayudarme;
nada de todo eso tiene ya sentido, ni emoción alguna
para nadie.) Se paró un instante frente a la cortina. En
aquel momento la música cesó. Una voz grave **se alzaba**[243]
como una espada sobre el mar. Alguien se incorporó en
los bancos, se volvió a mirarle. (Es como el rumor del
mar, cerrándose detrás del barco, como el correteo de las
ratas en el interior del barco.) Algún siseo **bailoteaba**[244]

---

[236] **reverencias**—bows.

[237] **vestiduras**—vestments.

[238] **colocarlas**—place them.

[239] rito mortuorio—funeral rites.

[240] **angustiados**—anguished, afflicted.

[241] **partiendo**—splitting, parting.

[242] **marea**—tide; sea.

[243] **se alzaba**—rose.

[244] **bailoteaba**—danced.

en sus oídos. Corrió la cortina con firmeza, abrió la puerta, pesada y crujiente, y el sol, como un animal que hubiera esperado demasiado, entró de un salto. El otro pareció apagarse, y la espada de voz negra y alta, **se quebró**.²⁴⁵ Una rata grande, gris, arrastraba blandamente su vientre hacia la pila bautismal, **cegada**²⁴⁶ por la luz del sol. Luego, la puerta se cerró, de nuevo, a su espalda.

La fuente seguía **manando**.²⁴⁷ La callecita empinada, las escaleras de piedra. Se fue de allí, buscó el sendero que llevaba a las afueras, más allá de la casa del alcalde, hacia el **encinar**.²⁴⁸ Y de pronto, al dejar atrás las paredes de las casas, las ventanas y las huertas, al quedarse a solas con el cielo y los lejanos árboles, echó a correr. Con pavor salvaje, con hormigas rojas recorriendo sus arterias, con un miedo deshumanizado que le hacía temblar y **sudar**.²⁴⁹ Algo, como un oscuro mugido, le seguía. Hasta que de nuevo, después de tanto tiempo, se halló entre los árboles. (Viejas amigas, impávidas y consecuentes, aquí están las encinas, como siempre.) Allí estaba José Taronjí, muerto, debajo de la tierra. Entre aquellos dos **troncos**,²⁵⁰ donde la luz entraba sin **herir**²⁵¹ (sus huesos maltratados, pobre residuo, enorme polichinela olvidado en un **estercolero**).²⁵²

No se acercó a la tumba. Miraba desde lejos el trozo de tierra, donde de nuevo crecían los cardos, la maleza, las flores malva y blanco del bosque.

---

²⁴⁵ **se quebró**—broke.
²⁴⁶ **cegada**—blinded.
²⁴⁷ **manando**—flowing.
²⁴⁸ **encinar**—oak grove.
²⁴⁹ **sudar**—sweat.
²⁵⁰ **troncos**—logs.
²⁵¹ **herir**—hurting.
²⁵² **estercolero**—dung heap.

4

Mossén Mayol dijo:

—Yo me ocuparé de todas tus cosas, Manuel. No tienes que preocuparte. Ven aquí, hijo mío.

Otra vez: hijo mío. De pronto todo el mundo le llamaba así. Mossén Mayol le miró desde lo alto de sus ojos de oro:

—Comprendo tus sentimientos —continuó—. Pero has de hacer un esfuerzo y aprender a llevar esta carga sobre los hombros. Vamos, muchacho, no temas, ven conmigo.

Otra vez, ante la verja cerrada de Son Major. Las anchas hojas de las palmeras se agitaban bajo el viento. Se oía el mar en el **acantilado**.[253] (El viento, siempre, azotante, como un persistente fantasma.)

—Por favor —dijo Manuel—. Quiero estar solo.

Cogió la llave de manos de Mossén Mayol, y descubrió el ofendido estupor de sus ojos. Empujó la puerta, y entró. La grava crujía bajo sus pies. Allí arriba estaba el balcón cerrado, los cristales (brillando, encerrando una sombra sin cuerpo). Sanamo apareció en la esquina de la casa, vestido de un negro **verdoso**.[254] En su indescifrable gorra de marino brillaba una piedra azul. Se acercó corriendo, como solía, con sus pisadas de viejo **duende**:[255]

—Manuel, **cervatillo**[256] querido, dulcecito mío, por fin vienes a tu casa. ¿Te acuerdas, cariño? ¿Tienes buena la memoria para el viejo Sanamo, o me echarás a **latigazos**?[257]

—¿Dónde andabas? —dijo Manuel.

Mossén Mayol, carraspeó:

—Bien. . .

Le miró (es un viejo y olvidado retrato):

—Adiós.

---

[253] **acantilado**—cliff.
[254] **verdoso**—greenish.
[255] **duende**—spirit.
[256] **cervatillo**—little deer.
[257] **latigazos**—whiplashes.

Mossén Mayol dio media vuelta y salió. Sus ojos tenían un encendido brillo, como el cobre bruñido.

—Ahí va —Sanamo le señaló con el dedo. Corrió **sigilosamente**[258] y apoyó la cara en la verja, para verle bajar por el camino del acantilado—. ¡Ha comprendido! El señor no quería verle por aquí. Manuel, pajarillo mío, te has vuelto un poco brusco.

Subieron la escalera, uno junto a otro (como dos muchachos amigos, que vuelven de la escuela).

—Antes eras un **panal**.[259]

—Sanamo —dijo—, ¿quieres dejar de hablarme así?

—¡Ay!, ¡ya no eres un niño!

—Pues no lo olvides.

Sanamo se echó a reír.

La casa olía a madera **encerada**.[260] Con sus **fundas**[261] blancas, los muebles viejos eran espesos y concretos fantasmas, pesando sin misterio sobre la alfombra. Los retratos de la familia; uniformes azules y oscuras levitas, **condecoraciones**[262] rojas. Estatuillas de jade y marfil. Manuel se llevó la mano a los ojos.

—No llores —dijo Sanamo—. La vida es esto.

—¿Quieres callar de una vez? No estoy llorando.

—¿No lloras?

—Estoy horrorizado. Nada más.

—¡Cómo hablas!

(¿Cómo puedes entenderme, Sanamo? Tengo miedo por lo que estuve a punto de ser.)

Sanamo se encogió de hombros y abrió los brazos. Luego corrió a descorrer las cortinas. (El espeso rumor del terciopelo, la luz rosada sobre la **purpurina**[263] de los

---

[258] **sigilosamente**—silently.

[259] **panal**—honeycomb.

[260] **encerada**—waxed.

[261] **fundas**—covers.

[262] condecoraciones—medals, decorations.

[263] purpurina—purpurin; metallic powder that imparts a gold or silver finish.

marcos;[264] el piano de cola, viejo y astuto paquidermo,[265] acechando en la sombra; la lámpara de cien **bujías,**[266] las **telarañas**[267] que brillan, casi de oro, otra vez ante mí.) Las rápidas pisadas de Sanamo hicieron tintinear los cristalillos venecianos. Sanamo empezó a palmear los almohadones, como una mujer que azota a su hijo. Dijo:

—Aquí he venido todos los días, a rezar. A mí modo, ya sabes. Yo tengo mis oraciones.

—¿No fuiste al funeral?

—No, ¿para qué? Estuve aquí, con la guitarra.

De los almohadones brotó un polvillo picante y evocador. (Aquí llegaba yo, por Navidad. Me vestía el traje azul marino con botones de plata, que él me envió. Dejaba el sayal y las sandalias en el monasterio, y él me invitaba a comer. Entraba el sol, aquí, en esta sala, y yo deseaba saber tantas cosas de él, de sus estatuillas y dioses paganos, de sus **fanales**[268] con **asfixiados**[269] **veleros,**[270] y sus buques[271] apresados, en una maligna botella de cristal. *Padre mío, ¿por qué me has abandonado?*)

—Y tengo muchas cosas que enseñarte, hijo del halcón —hablaba Sanamo—. ¡Príncipe de mi casa, corazón mío!

—Sanamo, basta, no me hables así. A él podía hacerle mucha gracia, pero a mí no.

Sanamo crujió por los rincones, abriendo postigos, de puntillas, como un gnomo. Su risa se confundía con el chirriar de los **goznes.**[272] (Viejo maligno, cómo te temía

---

[264] **marcos**—frames.

[265] paquidermo—pachyderm; a large, thick-skinned animal such as an elephant or rhinoceros.

[266] **bujías**—candles.

[267] **telarañas**—spider webs.

[268] **fanales**—beacons, lanterns.

[269] **asfixiados**—asphyxiated.

[270] **veleros**—sailing vessels.

[271] buques—ships.

[272] **goznes**—hinges.

y te amaba yo, también a ti, oscuramente, cuando inventabas canciones. ¿Adónde fue a parar tu gorro bordado de Corfú,[273] con su larga borla? Tú me envenenabas con tus cuentos, como él con su silencio. Atrapados, todos, aquí, fanales turbios, verdes botellas vacías, pobres veleros sin viento, ya está hecho mil añicos el cristal, ya han rodado las velas, ¿cómo se puede hacer todo eso con un niño? El veneno de la mentira es más dulce que el de la verdad. Estoy **renaciendo**[274] del **maléfico**[275] **conjuro.**[276] Viejo pervertidor de corazones inocentes, debes cambiar tu lenguaje.) Manuel se sentó en el diván con flores blancas y amarillas de la India (entonces olía a almizcle[277] y mirra),[278] y empezó a reírse. Sanamo corrió hacia él, con los brazos extendidos:

—¿Te acuerdas del príncipe encerrado, el del turbante de plata, destinado a morir? Cortó el melón con su **puñal**[279] de oro, y el mismo puñal cayó sobre su pecho y le partió el corazón. ¡Cómo te hacía llorar, de niño!

Manuel seguía riendo, las manos en las rodillas, la cabeza baja. Era una risa sin ruido, que sacudía sus hombros como un invisible relámpago.

—¿Te acuerdas de nuestras historias? Mira, tú venías ahí fuera, al jardín, te sentabas con las piernas cruzadas y decías: *Cuéntame, Sanamo, ¿qué pasó después con el príncipe?* Ay, yo hubiera querido decirte: *El príncipe eres tú,* pero tenía miedo de que el halcón me oyese. No tenía permiso para revelar secretos. Manuelito, tengo miedo, yo también. Me acuerdo de aquel puñal de oro, el que le partió el corazón al pobre muchacho.

---

[273] Corfú—an island to the northeast of Greece.

[274] **renaciendo**—waking.

[275] **maléfico**—evil.

[276] **conjuro**—spell.

[277] almizcle—musk.

[278] mirra—myrrh.

[279] **puñal**—dagger.

Manuel seguía riéndose. Se llevó la mano a los ojos. Era una mano morena, poderosa.

—Tengo miedo —repitió Sanamo.

Manuel se quitó la mano de los ojos y le miró. Sanamo retrocedió un paso.

—¡Tus ojos son dos **fieras**[280]. . . ! ¿Qué te han hecho, Manuel? ¿Adónde te llevaron, que te han cambiado de ese modo?

—Trae vino.

Sanamo desapareció y volvió con la botella y dos copas:

—¿Me dejas beber a mí también?

—Tú haz siempre lo que te dé la gana, Sanamo. También lo hacías antes, ¿no?

El vino se levantó, rosado, dentro de las copas. Sanamo **chascó**[281] la lengua y empezó a **runrunear**[282] una cancioncilla. Como la estela de un barco, Manuel la siguió, en el recuerdo. Bebió.

—¿Te hacían trabajar mucho?

—Estoy acostumbrado.

—¿Eran duros?

— Como todo el mundo.

—¿Qué era lo peor? ¿Estar encerrado?

(Lo peor, estar pagando un error.) Se encogió de hombros, y Sanamo llenó otra vez las copas.

—Tu madre. . . —dijo con vacilación—. ¿Va a venir a vivir aquí, también?

Un odio **sumiso**[283] tembló en la voz del viejo. (Siempre la aborreció, a mi madre. Y a mis hermanos. Qué rara y podrida fidelidad, la de éste. Todo es consecuente aquí dentro. Sólo yo, como una **flecha**[284]

---

[280] **fieras**—wild animals.

[281] **chascó**—clucked.

[282] **runrunear**—to hum.

[283] **sumiso**—submissive.

[284] **flecha**—arrow.

disparada[285] fuera del blanco, **lanzada**[286] con fuerza, **desviada**.[287] Sólo yo, lanzado lejos, ahora, por fin.)

—No. Nadie va a vivir aquí, excepto tú. Estáte tranquilo, ninguno de nosotros te molestaremos.

Sanamo cayó de rodillas. (Es rara su agilidad, aún.) Le rodeó las piernas con los brazos.

—¡Tú no, tú no! —chilló. Vio sus desesperados ojillos **inundados**[288] de una mezcla de pánico y salvaje alegría—. ¿Cómo vas a vivir tú lejos de aquí? ¿Dónde vivirás?

—Aquí no.

Sanamo deshizo el abrazo de sus rodillas, mirándole desde el suelo.

—¿Dónde vas a vivir?

—Donde siempre, en el declive, con mi madre y mis hermanos. Pero ahora ellos no tendrán hambre.

Sanamo se encogió de hombros.

—¿Qué quieres? La mayoría del mundo pasa hambre. Siempre fue así. También yo, pasé mucha hambre, de niño. Mira mi cuerpo, ¿crees que he crecido normalmente, crees que me desarrollé y crecí como debe ser? Era una ruina, cuando él **me enroló**.[289]

Seguía diciendo *él*, con un significado inconfundible, casi eterno.

—Adiós, Sanamo.

—¿Adónde vas?

Le siguió con una prisa extraña, no podía precisar si con impaciencia porque se fuera, o con pena de que le dejara.

—¿Volverás? Tengo que enseñarte una cosa, algo que era del señor, y a ti te gustará. ¿Sabes? Últimamente había comprado una barca, otra vez. ¡Qué belleza!

---

[285] **disparada**—shot.

[286] **lanzada**—launched.

[287] **desviada**—diverted, deflected.

[288] **inundados**—flooded.

[289] **me enroló**—enlisted me, recruited me.

—¿Dónde está?

—En el Port. La tiene escondida Es Mariné, en el **embarcadero**.[290] Ya te acuerdas, bajo la terraza. . . Ahora está eso muy controlado. Pero a él le estaba todo permitido. Y yo me pregunto, ¿qué vamos a hacer con ella, ahora? No creas, es una bonita barca mallorquina, con motor, muy capaz. . . Aún dábamos algún paseo, juntos. Unas veces iba conmigo, otras con Es Mariné o solo. Pero ahora . . . ¿qué te voy a decir? La guerra termina, casi se puede decir que está acabada, ganada, y esas cosas han perdido gravedad. Yo creo que a ti también te dejarán salir con ella, porque tú, ahora, eres su hijo único, real y verdadero.

Manuel se había quedado inmóvil, y Sanamo se alarmó:

—¿Qué te pasa? ¿Por qué me miras así? ¿He dicho algo que pueda ofenderte?

A las tres y media de la tarde salió en la lanchita de Sanamo, y hacia las cuatro llegaba al Port. A la derecha, quedaba la playita de Santa Catalina, con sus barcas abandonadas. Contempló el brillo del sol sobre las conchas doradas, las **pitas**[291] y los juncos verdes. No era solamente el cementerio de las barcas, sino algo, algo que durante mucho tiempo guardó en la memoria y que ahora yacía mudo, muerto, **apresado**[292] en la sequedad de la arena.

Allí estaba, la costa rocosa y poblada de **grutas**,[293] las casitas casi **superpuestas**,[294] sobre el embarcadero, con sus largas escalerillas de madera, negras de tanta humedad. (El Port, tantos recuerdos, José Taronjí, Jeza y los hermanos Simeón y Zacarías.)

Más apartada, adentrada en el mar, sobre un **saliente**[295] de la roca, la que fue en un tiempo una hermosa

---

[290] **embarcadero**—pier, wharf.

[291] **pitas**—century plants.

[292] **apresado**—captured, imprisoned.

[293] **grutas**—grottos.

[294] **superpuestas**—overlapping, on top of each other.

[295] **saliente**—ledge.

casa, "El Café" de Es Mariné apareció de nuevo a sus ojos. Sólo quedaba el lujo de la **balaustrada**,[296] rosada, larga, en la amplia terraza de belleza destruida. Las paredes manchadas, nombres raspados a punta de navaja. Nombres de muchachos, de hombres, que se reunieron allí a beber, jugar o comer, antes de ir al trabajo, o a planear **riesgos**[297] en una tarde lenta de domingo, con el polvo levantándose en la lejana senda de los carros. (El café de Es Mariné, donde se reunían los hombres a charlar, beber vino y jugar a las cartas, las mañanas del domingo, las noches del sábado. Nido de **contrabandistas**,[298] pescadores, muchachitos soñadores que grababan su nombre en la pared, con un vago deseo de **perpetuidad**.)[299] En el pequeño embarcadero de Es Mariné, bajo la gran terraza **abovedada**,[300] decía Sanamo que guardaban *la Antínea*.

Amarró[301] la lancha y saltó. Dos mujeres, sentadas en el suelo, manipulaban en sus redes, rojizas bajo el sol. Un perrillo **husmeaba**[302] entre la basura, por sobre las rocas. Olía a pescado podrido, a estiércol. Alguien colocó una **hilera**[303] de viejas **macetas**,[304] de donde brotaban geranios escarlata. Las mujeres estaban descalzas. Contempló los pies tendidos de la más joven, sus plantas cruzadas por innumerables surcos. Eran unos pies oscuros, casi negros sobre la arena. Trepó por las rocas, hacia el café de Es Mariné, y, de pronto, le pareció retroceder en el tiempo (un enorme salto hacia atrás, y alcanzó en el aire

---

[296] **balaustrada**—balustrade, banister.

[297] **riesgos**—risks.

[298] **contrabandistas**—smugglers.

[299] **perpetuidad**—perpetuity, lasting forever.

[300] **abovedada**—arched.

[301] **Amarró**—tied.

[302] **husmeaba**—was sniffing.

[303] **hilera**—row.

[304] **macetas**—flowerpots.

el cabo suelto **bamboleante**[305] e indeciso, de un instante mecido en el tiempo, y me regresé). Pero en todo estaba presente una realidad dura, áspera, que resaltaba las cosas, el paisaje, en **contornos**[306] casi dolorosos. Empujó la puertecilla de cristales, le invadió el olor a **moho**[307] y **embutidos**,[308] a aceitunas. La tienda-café-refugio-cubil de Es Mariné, su vivienda, su pasado, su presente, estaba allí. A la derecha, el largo mostrador de madera, los rollos de cuerdas, las jaulas de hierro con sus **loros**;[309] y, enfrente, la otra puerta en arco, sorprendente, como un aprisionado firmamento, abierto a la luz verde del mar. Una calma inquietante, dolorosa, yacía en todo. Sólo el loro *Mambrú* **se desazonó**,[310] revolviendo sus crueles ojos, casi humanos.

De la sombra salió el cuerpo. Los hombros altos, la pesada cabeza de Es Mariné. Se quedó plantado delante de él. Estaba de espaldas a la luz, no veía su cara, sólo la punta rojiza de su cigarrillo.

—Manuel —dijo—. Sabía que ibas a venir, muchacho.

Le tendió la mano, tras frotársela contra la pierna. *Mambrú* se puso a gritar algo, y Es Mariné fue hacia el mostrador.

—¿Qué quieres beber?

—Cualquier cosa.

Notaba el paladar seco, una emoción turbia le ganaba, distante de Son Major, que nada tenía que ver con su infancia ni su dolor antiguo.

—Mariné, quiero hablar contigo.

La mano de Es Mariné se quedó suspensa en el aire. (Tiene miedo de recordar o sentir algo que no desea.)

---

[305] **bamboleante**—swaying.

[306] **contornos**—contours, outlines.

[307] **moho**—mold.

[308] **embutidos**—cold cuts.

[309] **loros**—parrots.

[310] **se desazonó**—became annoyed.

—Nada de particular —aclaró—. Charlar, nada más. Prefiero hablar contigo que con otro cualquiera.

—Ya comprendo.

Es Mariné tomó una botella panzuda y negra.

Sacó dos copas pequeñas y las llenó de un licor espeso y amarillo. Luego, **ensartó**[311] las copas entre los dedos, y con la cabeza le indicó que le siguiera.

La terraza seguía igual, **desportillada**,[312] con sus mesas de madera sobre caballetes,[313] llenas de manchas de grasa. Los rollos de cuerda, los botes de alquitrán,[314] los **rimeros**[315] de cajas y de latas. El mar se extendía quieto y duro, como una superficie de cinc, bajo el verde pálido de un cielo que parecía alejarse, **abombarse**[316] en un vértigo infinito. No había nubes. Allí, a la derecha, sobre las grutas, flotaba una niebla muy transparente. Se sentaron, uno frente al otro, y bebieron.

Todo era como antes, como hacía tres años, cinco años, diez años. No había pasado nada. (Nadie ha muerto. Nadie vive. Sólo el mar respira y lame inexorablemente los bordes de la tierra, las columnas, y, si no ha mentido Sanamo, los flancos de la *Antínea*.)

—Mariné —dijo, al fin—. ¿Qué fue de todos ellos?

Es Mariné quedó muy quieto, con la enorme cabeza ladeada.

—¿Quiénes?

—Jeza, y los dos hermanos, Simeón y Zacarías.

—¿Aún te acuerdas de ellos, Manuel? Déjalo ya, créeme. Todo eso ha pasado ya. Qué le vamos a hacer. Mira, he oído que te viene ahora una vida diferente. Él era así. Quizá no se portó bien contigo . . . con Sa Malene,

---

[311] **ensartó**—placed, stuck.

[312] **desportillada**—chipped.

[313] caballetes—trestles.

[314] alquitrán—tar.

[315] **rimeros**—heaps, piles.

[316] **abombarse**—to swell.

quiero decir. Pero, Manuel, al fin ha sido bueno. Ten respeto por su memoria, yo te digo que era un gran señor. Guárdale respeto y todo el cariño que puedas. Créeme, cree a este viejo, que algo sabe de la vida.

—Yo no he venido a hablar de Jorge de Son Major, Mariné. Quiero hablar de José Taronjí, y de Jeza, y de los dos hermanos.

—¡Olvida, Manuel! —gritó Es Mariné, dando un **puñetazo**[317] sobre la mesa—. ¡Olvídalos de una vez, o márchate de aquí!

De pronto le pareció que había cambiado, que no era el mismo viejo marino, irritable y seguro, fiel y consecuente a sus recuerdos. Era un hombre temeroso. Pero una enorme tristeza había en sus ojos, en su mirada de ladrón, y su voz tembló al decir:

—Manuel, ya sabes que yo era amigo de ellos. Bien lo sabes tú, mejor que nadie: esta casa era su casa. Yo quise mucho a Jeza. Pero más que a nadie quise a Jorge. Sí, ya sé lo que tú piensas: falsa moneda de dos caras, a todos engañabas. No es así, hijo mío. Yo bien entendía a los unos, pero no podía evitar querer al otro. Era mi vida qué le iba a hacer, años y años de mi vida con él, en el Delfín. No porque no comprendiera sus errores iba a dejar de quererle. Pero . . . hice lo que pude, por Jeza, por José Taronjí —de pronto tuvo un acceso de miedo, pero **tragó**[318] saliva y **añadió**[319]—: y, aunque no lo creas, aunque todo me acuse, por ti, Manuel.

—Enséñame dónde se reunían. Quiero verlo, otra vez.

Ahí arriba, en el **altillo**[320] —la voz de Es Mariné se convirtió en un siseo—. También se reunían a veces ahí.

Pero no fue aquí, gracias a Dios, donde les descubrió el carnicero. Fue allá, en la casa abandonada.

---

[317] **puñetazo**—punch.

[318] **tragó**—swallowed.

[319] **añadió**—added.

[320] **altillo**—attic.

—Yo estaba allí. Había ido a llevarles la comida. Me dejaron tranquilo, porque sólo era un niño, entonces, y porque. . .

—Y porque sabían que eras hijo de Jorge de Son Major.

Aun, a pesar de todo, Manuel se sorprendió del orgullo que latía en aquellas palabras.

(El carnicero. El brazo derecho de los Taronjí. Los domingos solía vestirse la guerrera nueva, el vientre **abultado**[321] empujaba los botones, siempre había una punta disparada hacia afuera, y el cinturón, ancho, se le trepaba hasta casi debajo de los brazos. Hacía tiempo que acechaba a José Taronjí, pobre José, apasionado y dolorido, de lengua blanda e imprudente. Jeza no se fiaba de él, siempre decía: *José, me preocupas.* La casa abandonada, yo fui a llevarles la comida. En aquellos días, los hermanos y José Taronjí estaban escondidos. Tenían miedo de aparecer por el pueblo. El carnicero me preguntó: *¿Y tu padre?* con **sorna**,[322] y yo dije: *Está fuera del pueblo, creo que fue a Palma, por algún asunto.* El lunes siguiente descubrió la casa abandonada. Aquel día. Su entrada, seguido del hijo mayor, la luz negra de sus pistolas, las gruesas piernas plantadas, **coléricas**,[323] convencidas y escandalizadas, firmes contra el suelo, y: *contra esto es inútil cualquier cosa;* inútil la angustiosa lucha de todos los días, la lucha de las palabras dejando una **capa**[324] de arena, en el paladar, un viento seco que arañaba, que **asolaba**.[325] Era igual. Allí estaba el hombrecillo consciente, seguro de su inamovible razón, pendiente del teléfono, **clamando**[326] por la espada justiciera contra los

---

[321] **abultado**—swollen.

[322] **sorna**—sarcasm, scorn.

[323] **coléricas**—choleric, irascible, bad-tempered.

[324] **capa**—layer.

[325] **asolaba**—devastated.

[326] **clamando**—clamoring, protesting.

perversos corazones, inútiles y sordos de sus semejantes —no semejantes a él, por descontado—; y el viento seguía, afuera, llevándose el rumor de las voces. Dos o tres veces golpeó la rama contra el cristal, luego oí el metálico y vibrante son de los cables del alumbrado, sacudidos. Recordé las hileras de pájaros oscuros, con sus pequeñas **garras**[327] muertas, que solían posarse en ellos: *qué se habrá hecho de ellos, ahora.* Habían huido, igual que los días, los minutos. Un viento bastaba para alejarlos, un viento negro y súbito, como bastó para que todo acabara allí dentro. Todo huido, como palabras dichas, como pájaros. Y aquel hombrecillo, el carnicero, seguía **erguido,**[328] con toda su dignidad de ser respetable, solvente, moral y gritaba: *No os mováis, estáis cogidos,* al pobre José Taronjí, a los dos hermanos Simeón y Zacarías. Allí, en aquella playa, bajo aquel sol que ya no brillaba, Jeza me había hablado. El tren pasaba todas las mañanas por aquellos mismos **raíles,**[329] y detrás del tren (me fijaba sólo entonces, en cuanto pasaba el tren, como si hasta aquel momento el horizonte fuera solamente el borde negro de las vías), el trecho de arena salvaje, con sus delgados juncos amarilleando, azotados por el viento: y luego, la otra arena, la desnuda y limpia, dura, compacta arena de la playa. *Todo esto ha terminado;* aunque aún tardara días, o meses, yo sabía que había terminado. Un agudo silbido cortó el viento, oí el **traqueteo**[330] en la vía, vibraron los cristales rotos, y el tren, otra vez, con todas las ventanillas encendidas, como una tenia luminosa, **rauda**[331] y amarilla; como fosforescentes y raudas armónicas, cruzando la arena de la

---

[327] **garras**—claws.

[328] **erguido**—erect.

[329] **raíles**—train tracks, rails.

[330] **traqueteo**—rattling, clattering.

[331] **rauda**—rapid, swift.

playa; y recuerdo que brillaban los bordes del mar. A través de los trozos de cristal roto, miré, pensando, con toda la fuerza que cabía en mi corazón: *que no venga Jeza, que no llegue, que algo le detenga. Que no descubra a Jeza, porque entonces, está todo perdido.* De alguna parte venía y se acercaba una luna fría, a los bordes del mar, a las olas que nunca acababan de alcanzarle a uno, que nunca acababan de tragársele a uno, como las palabras que siempre amenazaban, amenazaban, y sólo quedaban en eso: arena, espuma. Sólo estaban allí la arena y el viento, aliados, humedeciéndose mutuamente, a trechos. Tras el último vagón huían las lucecillas rojas, como un aviso, como una llamada. *Vamos, de pie* —decía el hombrecillo **justiciero**—.[332] Se envolvió bien en la chaqueta negra, y la cruzaba sobre su vientre redondo, casi indecente, y se apartó lentamente de la puerta, siempre encañonándoles: *Tú eres el frailecito, ¿no? Da gracias a que eres un niño, solo un niño que has venido a traer la comida.* En aquel momento, estridente, se oyó el chirrido de la puertecilla del cercado, y él, con gesto **maquinal**[333] extendió la mano hacia la puerta cerrada de la casa, y la dejó suspensa en el aire, ante los ojos ansiosos de José Taronjí y de los dos hermanos. La mano **rechoncha**,[334] pálida, dura, tomó el **pomo**[335] de la puerta, prudentemente. Me dio un vuelco el corazón[336] y comprendí toda la realidad de lo que estaba ocurriendo. Porque aquel gesto me había traído de golpe toda la catástrofe:

Es Jeza. Ya no hay remedio. Es Jeza, en la trampa, también. Pero no era él, sino el perrillo fiel y ululante del pobre José Taronjí.)

---

[332] **justiciero**—severe, strict.

[333] **maquinal**—mechanical.

[334] **rechoncha**—chubby.

[335] **pomo**—knob.

[336] Me dio un vuelco el corazón—my heart skipped a beat.

—Se los llevaron. Al día siguiente, los Taronjí mataron a José, que intentó escaparse. Pero, ¿y Jeza? ¿Dónde está?

—Lo metieron en la cárcel este febrero último. Debe estar aún allí. El pobre Taronjí no interesaba. Jeza era más importante. Supongo que querían interrogarle. No he vuelto a saber de él.

—¿Y ella, la mujer? ¿Dónde está?

—No lo sé —dijo Es Mariné—. Anda, Manuel, olvídalo todo. La guerra está a punto de terminar, cualquier día. Olvida esas cosas.

PREGUNTAS

1. ¿Qué sucede en el pueblo al poco tiempo de que Jeza llegara a la isla?

2. Describe con tus propias palabras cuál es la historia de Manuel. ¿Quién era su verdadero padre? ¿Por qué mataron a José Taronjí?

3. Esta historia trata sobre la Guerra Civil española. ¿Por qué crees que es tan importante para la autora mezclar la religión y la violencia?

vida de provincia

El chico de al lado

En este relato la autora describe los sentimientos que una adolescente siente hacia su joven y orgulloso vecino, y cómo estos sentimientos cambian al conocer a otro joven, amigo de su hermano. La autora describe cuán intensos y volubles son los sentimientos de los adolescentes.

A veces basta la **cadencia**[1] de una voz, el súbito **remolino**[2] del polvo de un sendero, para recordarnos algo. Algo grande o pequeño —da lo mismo: grande para nosotros, pequeño para los demás—, pero que supone un **jirón**[3] de nuestra vida.

El mes de junio, por ejemplo, trae a mi memoria la figura de un muchacho. Ni siquiera me acuerdo de su nombre; pero sé que vivía en la casa de al lado, y nuestras vidas estaban separadas por una **efímera**[4] valla de madera. Tenía cierta semejanza con un gallo de pelea,[5]

---

[1] **cadencia**—cadence; rhythm.

[2] **remolino**—swirling.

[3] **jirón**—shred, portion.

[4] **efímera**—ephemeral; short-lived.

[5] gallo de pelea—gamecock; a rooster used for fighting.

porque su pelo se arremolinaba sobre la **coronilla**[6] en forma de plumero. Pero como en aquellos tiempos yo estaba **abrumada**[7] bajo la humillación de un aparato para **enderezar**[8] los dientes, el áspero mechón de cabello del chico de al lado tenía a mis ojos una atracción semejante a las plumas multicolores de un guerrero piel roja.[9]

Había en el jardín vecino un árbol **raquítico**[10] que ponía sobre la arena amarilla su pequeña mancha sombría. Los niños pequeños de la casa corrían, persiguiéndose, a su alrededor, levantando nubes de polvo reseco, llenando el aire con sus vocecitas chillonas. También había una caseta para el perro, pero vacía —porque el perro murió de viejo— y despintada.

Todos los días, después de comer, el chico de al lado iba a sentarse a la sombra del arbolillo, con un libro debajo del brazo. Se extendía en el suelo, efectista: porque en un mes había llegado a ser el más alto de la familia.

—Hola. . .

—Hola . . . —decíamos. Y me deslumbraba con cualquier historia, casi verdadera. Los primeros triunfos, todavía desdibujados, **hervían**[11] en su pecho de adolescente; y cuando menos lo imaginaba cortaba en seco la conversación con un: "Y ahora déjame, por favor; tengo que estudiar . . . "

Yo me alejaba, **aparentando**[12] indiferencia, intentando **revestir**[13] de dignidad la amargura de las trenzas y los calcetines. Y él se sumergía en las páginas de aquel libro feo y pesado como el edificio del **Ayuntamiento**.[14]

---

[6] **coronilla**—crown of the head.

[7] **abrumada**—overwhelmed, embarrassed.

[8] **enderezar**—align, correct.

[9] un guerrero piel roja—a redskin warrior.

[10] **raquítico**—rickety, stunted.

[11] **hervían**—boiled.

[12] **aparentando**—pretending, simulating.

[13] **revestir**—to cover, to dress.

[14] **Ayuntamiento**—City Hall.

Su cabeza mojada, su roja nariz, sus manos nudosas respiraban un hondo, **perenne**[15] desprecio. Un desprecio que abarcaba el mundo entero, pero que **se volcaba**[16] irreprimible sobre nuestras casas, nuestros jardines **colindantes**,[17] nuestros familiares. Y había en su voz un deseo palpable de darme a entender:

—Te hablo, te tolero, pobre lagartija,[18] gracias a la amistad de los "viejos".

Él y sus amigos, con sus zapatones destructores, el humo presuntuoso de sus primeros cigarrillos, sus discusiones, pertenecían a una raza distinta. Llamaban a Kant[19] "el destructor de la filosofía", y cada cuarto de hora **echaban mano**,[20] por lo menos una vez, de la palabra "complejo".

El chico de al lado fanfarroneaba durante todo el año. Y cuando acompañaba a una niña rubia que estudiaba con él —balanceando las carteras, **chupando**[21] un helado de vainilla, arrastrando los pies—, fingía no conocer a nadie.

Solamente el mes de junio le obligaba a refugiarse bajo el árbol del jardín . . . , y siempre **lograba**[22] vencer a los libros.

Su victoria anual llenaba de regocijo a la familia —especialmente a su madre, que venía a comunicárnoslo como **al azar**—.[23] Y, de paso, dirigía miradas intencionadas a mi hermano. Porque mi hermano era una **nulidad**[24] que se pasaba las horas muertas pintando en su estudio del ático.

---

[15] **perenne**—perennial, neverending.

[16] **se volcaba**—it threw itself.

[17] **colindantes**—adjacent.

[18] lagartija—wall lizard.

[19] Kant—(Immanuel) (1724–1804), German philosopher considered by many to be the most influential thinker of the modern era.

[20] **echaban mano**—used.

[21] **chupando**—licking.

[22] **lograba**—he managed, he succeeded.

[23] **al azar**—at random.

[24] **nulidad**—nullity; do-nothing.

Desde siempre le había admirado, pero llegó un día en que la admiración se deformó en una inexplicable humillación. Ya no me deslumbraba el sonido de su voz, ni el espectáculo del humo saliendo en columnas azules por debajo de su nariz, ni el **parpadeo**[25] de sus ojillos negros. Empecé a alimentar un pueril deseo de venganza. ¿De qué? . . . ¿Por qué? . . . No lo sabía. O por lo menos, ya no me acuerdo.

Si en su jardín crecía un árbol raquítico, en el nuestro, por el contrario, **reinaba**[26] un **frondoso**[27] abeto[28] desplazado de su leyenda de nieve. Una primavera me aproximé a la valla de madera y le dije:

—¿Por qué no pasas a estudiar a nuestro jardín? Ya verás: estarás mucho más cómodo y tranquilo. . . Además, nadie te molestará.

Y miré significativamente al otro lado, donde sus hermanos pequeños estaban levantando una fortaleza de piedras y arena, dando gritos, con unos gorros de papel en la cabeza.

Nosotros no teníamos hermanos pequeños.

Ya empezaba a sentirse el calor de la tierra seca, y el muchacho se quedó mirando la humedad silenciosa de nuestro jardín recién **regado**.[29] Dudó sólo un instante. Cuando hubo saltado, nos contemplamos un momento, sin saber qué decir. Llevaba una camisa **listada**[30] de azul, que infantilizaba sus hombros y acentuaba la largura absurda de sus piernas. Y tenía la piel cubierta de gotitas brillantes. Pero, de pronto, me fijé en su proyecto de bigote y me hizo tanta gracia, tanta, que me marché de prisa para que no me viera reír.

---

[25] **parpadeo**—blinking.

[26] **reinaba**—reigned.

[27] **frondoso**—leafy.

[28] abeto—fir tree.

[29] **regado**—watered.

[30] **listada**—striped.

A aquella edad nuestra bastaba a veces sólo un día para crecer **bárbara**,[31] monstruosamente.

Después ya no fue necesario invitarle a pasar. Cada vez más temprano oía su **silbido**[32] peculiar en el jardín, cuando aún estábamos sentados a la mesa. Mi madre decía:

—Ya tenemos ahí al chico de al lado. . . ¿Quién le dijo que viniera aquí a estudiar?

Mi hermano —que hablaba cada día menos y, además, acababa de "descubrir" la pintura surrealista—[33] se encogía de hombros lentamente, ignorante del **brochazo**[34] verde que le manchaba la nariz.

Aquel año los libros vencieron al chico de al lado, y no pudo ir a la playa. Se quedó en su jardín estudiando, estudiando. . .

Por aquellos días yo me corté las trenzas y el dentista liberó mis dientes de su opresión. Empezó a venir a mi casa un amigo de mi hermano que se llamaba Teo —no sé si era Teodoro o Doroteo— y era una criatura especial.

Se adueñó[35] casi por entero del estudio de mi hermano. Pronto los **caballetes**[36] se llenaron de sus famosos **bodegones**[37] cargados de bermellón,[38] cuyos modelos naturales **engullía**[39] acto seguido implacablemente. Mi madre acabó dando órdenes terminantes, y plátanos y manzanas eran ocultados apresuradamente a su paso. Pero tuvo la gentileza de aleccionarme en los misterios de la pintura. Un día me dijo que llegaría a superar a Rubens. Esto no me importaba poco ni mucho; pero Teo

---

[31] **bárbara**—barbarously; here, enormously.

[32] **silbido**—whistle.

[33] surrealista—surrealistic; an art movement that attempts to interpret the subconscious.

[34] **brochazo**—brush stroke.

[35] **Se adueñó**—took possession.

[36] **caballetes**—easels.

[37] **bodegones**—still lifes.

[38] bermellón—vermillion.

[39] **engullía**—swallowed.

tenía el cabello de un rubio oscuro, hablaba poco y levantaba las **cejas**[40] al final de sus frases. Además, sentados en el **columpio**[41] del jardín, **saboreábamos**[42] juntos el modelo del día.

En esto llegó la víspera de nuestra partida; hacía ya mucho calor y nos marchábamos a un pueblo de la costa. Estábamos sentados a la sombra del abeto, mordiendo a partes iguales una manzana, cuando oí la voz del chico de al lado.

—¿Os vais mañana?. . . Oye, ¿es que os vais mañana? —preguntaba. Y lo sabía perfectamente. . . Estaba allí cerca, detrás de la valla blanca, con su blusa rayada y su pelo húmedo.

Dos o tres veces nos interrumpió con sus **necias**[43] preguntas. Y consiguió que Teo se pusiera en pie y que, levantando las cejas, me invitara a "dar una vuelta".

Salimos, y la verja chirrió fuerte, muy fuerte. Casi sin darnos cuenta nos cogimos de la mano.

Atardecía, se levantaba una suave brisa y sentía la caricia hasta entonces desconocida del viento jugando con mi cabello corto.

El chico de al lado se quedó parado junto a la valla, **mirándonos fijamente:**[44]

—Oye, oye. Cuando volváis de la playa, yo ya no estaré aquí —decía; pero su voz se perdía. La suya y la de los niños pequeños que se perseguían, y el crujido de la arena bajo las sandalias. . . Aún me volví a mirarle dos veces: tenía la cabeza levantada y aquel mechón **enhiesto**[45] de la coronilla, ¡qué lamentable! Y, haciendo como que nada le importaba, se encogió de hombros.

---

[40] **cejas**—eyebrows.

[41] **columpio**—swing.

[42] **saboreábamos**—we savored.

[43] **necias**—stupid, foolish.

[44] **mirándonos fijamente**—staring at us.

[45] **enhiesto**—erect, upright.

"¡Qué niño es!", pensé. Y hasta su jardín parecía que se reducía y se borraba. . .

Cuando volvimos en otoño, nos dijo su madre que estudiaba fuera de nuestra ciudad.

De vez en cuando yo pasaba a su jardín y me sentaba bajo el árbol raquítico. La caseta del perro había desaparecido, y el pequeño de los niños me dijo:

—¿No sabes? La quemamos la noche de San Juan. . . ¡Huy, más bonito! . . .

Claro que esto son bobadas de adolescencia. Ahora todo es muy diferente.

PREGUNTAS

1. ¿Qué representan el título de esta historia y su personaje? ¿Cuál es la etapa de su vida que recuerda la protagonista?

2. ¿Por qué dice la narradora que en cierto momento sintió necesidad de vengarse del chico de al lado? ¿Qué es lo que no supo ver su vecino?

3. Al final del relato, la protagonista se aleja con Teo de la mano. ¿Cómo se siente el chico de al lado?

4. Cuando la protagonista del cuento dice al final: "Ahora todo es muy diferente." ¿A qué se refiere? ¿Cuál es su tono?

El arrepentido

En este relato, Matute investiga el impacto psicológico y social de la Guerra Civil. El protagonista, Tomeu, se ha encargado de la educación de su sobrino Ruti y quiere probar la lealtad y el amor de éste. Tomeu finge estar gravemente enfermo y le pide a Ruti que le examine. Ante la evidencia de que su sobrino prefiere la herencia al amor familiar, Tomeu se suicida.

El café era estrecho y oscuro. La **fachada**[1] principal daba a la carretera y la posterior a la playa. La puerta que se abría a la playa estaba cubierta por una cortina de cañuelas,[2] bamboleada por la brisa. A cada impulso sonaba un diminuto crujido, como de un pequeño **entrechocar**[3] de huesos.

Tomeu el Viejo estaba sentado en el **quicio**[4] de la puerta. Entre las manos acariciaba lentamente una **petaca**[5] de cuero negro, muy gastada. Miraba hacia más allá de

---

[1] **fachada**—façade, front.

[2] **cañuelas**—diminutive of *caña*; small canes.

[3] **entrechocar**—colliding.

[4] **quicio**—hinge post.

[5] **petaca**—(tobacco) pouch.

la arena, hacia la **bahía**.[6] Se oía el ruido del motor de una **barcaza**[7] y el **coletazo**[8] de las olas contra las rocas. Una lancha vieja, cubierta por una lona, se mecía blandamente, amarrada a la playa.

—Así que es eso —dijo Tomeu pensativo. Sus palabras eran lentas y parecían caer delante de él, como piedras. Levantó los ojos y miró a Ruti.

Ruti era un hombre joven, delgado y con gafas. Tenía ojos azules, inocentes, tras los cristales.

—Así es —contestó. Y miró al suelo.

Tomeu **escarbó**[9] en el fondo de la petaca, con sus dedos anchos y oscuros. Aplastó una **brizna**[10] de tabaco entre las **yemas**[11] de los dedos y de nuevo habló, mirando hacia el mar:

—¿Cuánto tiempo me das?

Ruti carraspeo:

—No sé . . . a ciencia cierta, no puede decirse así. Vamos: quiero decir, no es infalible.

—Vamos, Ruti. Ya me conoces: dilo.

Ruti se puso encarnado. Parecía que le temblaban los labios.

—Un mes . . . , acaso dos. . .

—Está bien, Ruti. Te lo agradezco, ¿sabes?. . . Sí; te lo agradezco mucho. Es mejor así.

Ruti guardó silencio.

—Ruti —dijo Tomeu—. Quiero decirte algo: ya sé que eres escrupuloso, pero quiero decirte algo, Ruti. Yo tengo más dinero del que la gente se figura: ya ves, un pobre hombre, un antiguo pescador, dueño de un **cafetucho**[12]

---

[6] **bahía**—bay.

[7] **barcaza**—barge.

[8] **coletazo**—thrashing.

[9] **escarbó**—dug.

[10] **brizna**—strand.

[11] **yemas**—finger tips.

[12] cafetucho—café; the pejorative ending *tucho* implies it was not a very good one.

de camino. . . Pero yo tengo dinero, Ruti. Tengo mucho dinero.

Ruti pareció incómodo. El color rosado de sus mejillas se intensificó:

—Pero, tío . . . , y . . . ¡no sé por qué me dice esto!

—Tú eres mi único pariente, Ruti —repitió el viejo, mirando ensoñadoramente al mar—. Te he querido mucho.

Ruti pareció conmovido.

—Bien lo sé —dijo—. Bien me lo ha demostrado siempre.

—Volviendo a lo de antes: tengo mucho dinero, Ruti. ¿Sabes? No siempre las cosas son como parecen.

Ruti sonrió. (*Acaso quiere hablarme de sus historias de contrabando. ¿Creerá acaso que no lo sé? ¿Se figura, acaso, que no lo sabe todo el mundo? ¡Tomeu el Viejo! ¡Bastante conocido, en ciertos ambientes! ¿Cómo hubiera podido* **costearme**[13] *la carrera de no ser así?*) Ruti sonrió con melancolía. Le puso su ancha mano en el hombro:

—Por favor, tío. . . No hablemos de esto. No, por favor. . . Además, ya he dicho: puedo equivocarme. Sí: es fácil equivocarse. Nunca se sabe. . .

Tomeu se levantó bruscamente. La cálida brisa le agitaba los mechones grises:

—Entra, Ruti. Vamos a tomar una copa juntos.

Apartó con la mano las cañuelas de la cortinilla y Ruti pasó delante de él. El café estaba vacío a aquella hora. Dos **moscas**[14] se perseguían, con gran zumbido. Tomeu pasó detrás del mostrador y llenó dos copas de coñac. Le ofreció una:

—Bebe, hijo.

Nunca antes le llamó hijo. Ruti parpadeó y dio un **sorbito**.[15]

---

[13] **costearme**—paid for.

[14] **moscas**—flies.

[15] **sorbito**—little sip.

—Estoy arrepentido — dijo el viejo, de pronto.

Ruti le miró fijamente.

—Sí —repitió—, estoy arrepentido.

—No le entiendo, tío.

—Quiero decir: mi dinero, no es un dinero limpio. No, no lo es.

Bebió su copa de un sorbo, y se limpió los labios con el revés de la mano.

—Nada me ha dado más alegría: haberte hecho lo que eres, un buen médico.

—Nunca lo olvidaré —dijo Ruti, con voz temblorosa. Miraba al suelo otra vez, indeciso.

—No bajes los ojos, Ruti. No me gusta que desvíen la mirada cuando yo hablo. Sí, Ruti: estoy contento por eso. ¿Y sabes por qué?

Ruti guardó silencio.

—Porque gracias a ęllo tú me has avisado de la muerte. Tú has podido reconocerme, oír mis quejas, mis dolores, mis temores. . . Y decirme, por fin: *acaso un mes, o dos.* Sí, Ruti: estoy contento, muy contento.

—Por favor, tío. Se lo ruego. No hable así . . . , todo esto es doloroso. Olvidémoslo.

—No, no hay por qué olvidarlo. Tú me has avisado y estoy tranquilo. Sí, Ruti: tú no sabes cuánto bien me has hecho.

Ruti apretó la copa entre los dedos y luego **la apuró,**[16] también de un trago.

—Tú me conoces bien, Ruti. Tú me conoces muy bien.

Ruti sonrió pálidamente.

El día pasó como otro cualquiera. A eso de las ocho, cuando volvían los obreros del cemento, el café se llenó. El viejo Tomeu se portó como todos los días, como si no quisiera amargar las vacaciones de Ruti, con su flamante

---

[16] **la apuró**—drank it up, finished it.

título recién estrenado. Ruti parecía **titubeante**,[17] triste. Más de una vez vio que le miraba en silencio.

El día siguiente **transcurrió**,[18] también, **sin novedad**.[19] No se volvió a hablar del asunto entre ellos dos. Tomeu más bien parecía alegre. Ruti, en cambio, serio y preocupado.

Pasaron dos días más. Un gran calor se extendía sobre la isla. Ruti daba paseos en barca, bordeando la costa. Su mirada azul, pensativa, vagaba por el ancho cielo. El calor pegajoso le humedecía la camisa, adhiriéndosela al cuerpo. Regresaba pálido, callado. Miraba a Tomeu y respondía brevemente a sus preguntas.

Al tercer día, por la mañana, Tomeu entró en el cuarto de su sobrino y ahijado. El muchacho estaba despierto.

—Ruti —dijo suavemente.

Ruti echó mano de sus gafas. Su mano temblaba:

—¿Qué hay, tío?

Tomeu sonrió.

—Nada —dijo—. Salgo, ¿sabes? Quizá tarde algo. No te impacientes.

Ruti palideció:

—Está bien —dijo. Y se echó hacia atrás, sobre la almohada.

—Las gafas, Ruti— dijo Tomeu—. No las rompas.

Ruti se las quitó despacio y se quedó mirando al techo. Por la pequeña ventana entraban el aire caliente y el ruido de las olas.

Era ya mediodía cuando bajó al café. La puerta que daba a la carretera estaba cerrada. Por lo visto su tío no tenía intención de atender a la clientela.

Ruti se sirvió café. Luego, salió atrás, a la playa. La barca amarrada se balanceaba lentamente.

---

[17] **titubeante**—hesitant.

[18] **transcurrió**—passed, elapsed.

[19] **sin novedad**—without incident, as usual.

A eso de las dos vinieron a avisarle. Tomeu se había **pegado un tiro**,[20] en el camino de la Tura. Debió de hacerlo cuando salió, a primera hora de la mañana.

Ruti se mostró muy **abatido**.[21] Estaba pálido y parecía más miope[22] que nunca.

—¿Sabe usted de alguna razón que llevara a su tío a hacer esto?

—No, no puedo comprenderlo . . . , no puedo imaginarlo. Parecía feliz.

Al día siguiente, Ruti recibió una carta. Al ver la letra con su nombre en el sobre, palideció y lo **rasgó**,[23] con mano temblorosa. Aquella carta debió de echarla su tío al correo antes de suicidarse, al salir de su habitación.

Ruti leyó:

"Querido Ruti: Sé muy bien que no estoy enfermo, porque no sentía ninguno de los dolores que te dije. Después de tu reconocimiento consulté a un médico y quedé completamente convencido. No sé cuánto tiempo habría vivido aún con mi salud envidiable, porque estas cosas, como tú dices bien, no se saben nunca del todo. Tú sabías que si me creía **condenado**,[24] no esperaría la muerte en la cama, y haría lo que he hecho, a pesar de todo; y que, por fin, me heredarías. Pero te estoy muy agradecido, Ruti, porque yo sabía que mi dinero era sucio, y estaba ya cansado. Cansado y, tal vez, eso que se llama arrepentido. Para que Dios no me lo tenga en cuenta —tú sabes, Ruti, que soy buen creyente a pesar de tantas cosas—, dejo mi dinero a los niños del **Asilo**."[25]

---

[20] **pegado un tiro**—shot himself.

[21] **abatido**—depressed, disheartened.

[22] miope—short-sighted.

[23] **rasgó**—tore it open.

[24] **condenado**—condemned.

[25] **Asilo**—asylum; home for orphans.

PREGUNTAS

1. ¿Cuál era la profesión de Tomeu y por qué dijo que estaba arrepentido?

2. ¿Cuál era la profesión de Ruti y qué noticia le dio a su tío?

3. ¿Por qué se suicidó el viejo pescador?

4. Explica cuál es la importancia del dinero en esta historia.

La salvaje primavera

La íntima unión entre la naturaleza y la infancia es el centro de este breve relato basado en las aventuras de la autora en el pueblo de sus abuelos maternos cuando era una niña. Queda claramente reflejado el importante papel que jugó la naturaleza en los años de infancia de Matute. La narración está llena de fuerza y de vida, transmitidas a través de la libertad y la emoción ante lo desconocido en un sugerente ambiente de olores, colores y formas, donde la sensación de peligro es un aliciente más. Esta atractiva exuberancia de la naturaleza, fascinante y misteriosa, se desvanece en el ambiente urbano de la ciudad.

I

No sé quién llamó dulce a la primavera. Recuerdo que mis hermanos y yo, y los amigos, corríamos hacia el bosque, apenas se sentía en el aire su olor peculiar, inconfundible. Llevábamos largos palos de **avellano,**[1] para abrirnos paso entre las hojas, grandes como la palma de la mano. Había un camino estrecho y **umbrío,**[2] bosque arriba, donde brotaba una espesa selva de

---

[1] **avellano**—hazelnut tree.
[2] **umbrío**—shady.

"maraubinas".[3] Apretadas, altas entre las sombras, habían crecido aquellas plantas que nos llegaban al pecho y **se enredaban**[4] en nuestros brazos y piernas. Las rodillas se nos mojaban, se hundían nuestros pies en el **barro**[5] **pastoso**,[6] y aún me parece sentir aquel **vaho**[7] caliente y húmedo, luminoso y negro a un tiempo. Las hojas de las "maraubinas" eran de un verde rabioso. Y aún tenían pegado al **dorso**[8] un frío de nieve reciente. Me gustaba acercarlas a la mejilla, como la mano de un amigo. La flor de la "maraubina" era una hermosa y **siniestra**[9] flor de color blanco, venenosa al decir de los pastores, y tenía las puntas de los pétalos **teñidos**[10] de escarlata, como dedos mojados en sangre. Gustábamos nosotros, por fanfarronería infantil, de acercárnosla a los labios y decir:

—¡Que la muerdo!

Siempre había algún pequeño que acababa gritando, y los más crecidos esperábamos secretamente, cruelmente, temiendo y deseando, con el corazón palpitante alguna muerte extraña y súbita, gratuita y terrible, en medio de la mañana cerrada y deslumbrante del bosque. (Allí mientras zumbaban los insectos y las abejas de oro, y se oía el río al fondo del barranco poderoso y crecido, centelleantes los escarabajos, de morado tornasol en el caparazón metálico, entre los troncos y las altas hierbas del camino). La niñera decía que las hermosísimas "maraubinas" tenían un veneno misterioso, para príncipes y niños descarriados, en el centro de sus pétalos sospechosamente blancos. Relucían como estrellas en el verdiazul de las hojas gruesas, con la superficie bruñida y el envés mate, como la piel del melocotón. Alguien —campesinos, pastores, criadas: toda la gente de la tierra— nos enseñó a cantar:

---

[3] maraubinas—plants typical of the Spanish region *La Rioja*.

[4] **se enredaban**—entangled themselves.

[5] **barro**—mud.

[6] **pastoso**—doughy; soft and viscous.

[7] **vaho**—steam.

[8] **dorso**—back.

[9] **siniestra**—sinister.

[10] teñidos—dyed.

Hermosa maraubina
princesa
engáñame, tan blanca, princesa. . .

No recuerdo bien cómo acababa aquella cantinela, pero sí sé que llegaba muy dentro un deseo dulce y doliente a la vez. En hilera íbamos cantándola con los hombros del amigo o del hermano emergiendo entre las hojas y los helechos gigantes. Entre el zumbido de los mosquitos y las extrañas llamadas de los pájaros, pedíamos, sin entenderlo: "Engáñame. . .". Un día me perdí entre las "maraubinas". No sé si me perdí de verdad, pero lo cierto es que estuve tendida, cubierta y casi enterrada entre las anchas hojas, que la tierra bajo mi espalda estaba empapada de agua, que había piedrecillas clavándose en mis hombros y cintura, que tenía muy cerca de los ojos y de los labios el veneno de la maligna flor princesa, y que había un sueño en el aire espeso, en la sombra de un verde cegador. Allá arriba a trechos, entre las hojas de las hayas, el sol parecía de oro, de oro "de verdad", como los cálices. Tardaron en hallarme y me castigaron. Luego, creyeron que estaba enferma. No sé si lo estuve, pero sí que me dio el veneno, el profundo veneno de la "maraubina", zumbándome largo tiempo, como una abeja, en los hoyos.

En esta primavera urbana, detrás de las tapias de los jardines, quizá brote un olor fugaz a resina, a viento y a semilla. No es esta ya la salvaje primavera. No es el veneno imposible y hermoso, que fingía enterrar tan dulce y peligrosamente, que pedía: "engáñame".

PREGUNTAS

1. Describe cómo eran el bosque y las flores.

2. ¿Qué dos realidades está comparando la autora? ¿Qué importancia juega dentro de la narración el calificativo "fugaz" al final?

3. ¿Qué temas frecuentes en la narrativa de Ana María Matute aparecen en este relato?

El camino

Es éste uno de los cuentos más autobiográficos de Matute. En él se recrea su tristeza ante los cambios físicos y humanos que se fueron produciendo en el pueblo de su infancia.

Se encontraban siempre con sorpresa, como se encuentra, al cabo de los años, un amigo de la infancia, alguien que nos dice: "¿Qué fue todo aquello?". Se ha doblado sin saber cómo la esquina que no parecía definitiva, especial, sino una esquina más. Y, sin embargo, era la que cerraba el primer **tramo**[1] del camino que quedaba atrás, **vedado**[2] por una valla que nadie puede **sortear**[3] de nuevo, al que nadie regresa jamás.

Aquellos álamos siempre reencontrados, plateados en el tiempo de su verdor, luego desnudos, **tenues**,[4] con sus infinitas ramas **difuminándose**[5] hacia un cielo gris y

---

[1] **tramo**—stretch.
[2] **vedado**—enclosed.
[3] **sortear**—go through.
[4] **tenues**—dim, pale.
[5] **difuminándose**—growing dim, fading.

húmedo, amarillento y dorado en el atardecer: los álamos del río, como una cabalgata[6] de soldaditos de plomo en la lejanía, que huyeron **cauce**[7] arriba, hacia las montañas últimas, ¿hacia dónde iban en hilera? ¿Hacia dónde caminaban, como **peregrinos**[8] de una hermosa encomienda que ya nunca podremos conocer?

Llegábamos cuando empezaba la primavera. La primavera nacía al borde del río, inundando de flores amarillas, que ingenuamente creíamos venenosas, y el agua estaba fría hasta quemar las yemas de los dedos. Aún llevábamos ropas de invierno, jerseys de lana y calcetines. Y, sin embargo, ya amanecían aquellas flores apretadas de color limón, entre los juncos de gitano. Y en los lugares donde la sombra era larga aún había **vestigios**[9] de nieve. En seguida veíamos los álamos, nada más dar la vuelta al recodo de la casa, pisando el barro aún erizado de cristalillos helados. Apenas los divisábamos nos sentíamos crecidos: sabíamos que habíamos regresado, que había transcurrido un año más. Y algo **se rendía**[10] en la atmósfera, como una **sutil**[11] tela de araña.

Ha pasado el tiempo y han cortado los árboles. Desaparecieron los álamos del río, como los últimos soldados de un mundo perdido. El extraño y misterioso sendero que llevaban escondidos entre sus raíces, aquella ruta que seguían o que dejando tras de sí, como una **estela**[12] invisible —¿cómo saberlo ahora exactamente?—, ¿dónde quedó? ¿Qué ruta era aquélla, adónde conducía?

---

[6] cabalgata—cavalcade.
[7] **cauce**—river-bed.
[8] **peregrinos**—pilgrims.
[9] **vestigios**—vestiges, traces.
[10] **se rendía**—surrendered.
[11] **sutil**—subtle.
[12] **estela**—light trail.

Qué importa cuándo los **talaron**,[13] qué más da si hace tres años, o dos, o tal vez sólo unos meses. No podrá ya nadie verlos al borde del agua, volcando el paisaje, apuntando como lanzas mágicas hacia el país irreal y misterioso del fondo del río. Sólo queda una **senda**[14] polvorienta, y la cierta sensación de lo perdido la da ese polvo que ha quedado. Pienso esto mirando una fotografía, aquí, sobre la mesa. Me dijeron: "Todo ha cambiado. Está todo muy diferente. Mira esta foto, también los álamos. . . " Nunca pensé, hasta ahora, que nadie nos quisiera fuera de la tierra, **desgajados**[15] de sus raíces, de su agua, de su extraño, inmóvil, y a un tiempo incansable, caminar vegas arriba. No los comprendo lejos de allí, aún a pesar de conocer el cercano fin del pueblo, bajo las aguas del pantano. Las ruinas de la que fue nuestra casa, el **erial**[16] que sucedió a huertas, **prados**,[17] **choperas**[18] olorosas meciéndose al viento de la mañana, la soledad y el silencio allí donde antes hubo voces, proyectos, todo se podía entender de una u otra manera, menos esto: ¿Adónde fue, dónde quedó la invisible ruta de los álamos? Íbamos a veces, en aquel tiempo, hollando el sendero con palos, levantando el polvo rojizo de la tierra, como si inconscientemente, por entre las rutas heladas que marcábamos con nuestras varas, fuera a aparecer el dorado y deslumbrante sendero que no he podido aún **desentrañar**.[19] Y me viene a la memoria aquel olor, y aquella luz, en vísperas ya de retornar al colegio, cuando buscábamos hojas caídas y doradas, por ver quien encontraba la mayor. Y también allí

---

[13] **talaron**—cut down.

[14] **senda**—path.

[15] **desgajados**—ripped away.

[16] **erial**—untilled land.

[17] **prados**—meadows.

[18] **choperas**—poplar groves.

[19] **desentrañar**—unravel, decipher.

debajo, en la húmeda tierra de septiembre, imaginando las raíces y los ocultos **arroyos**[20] de los gnomos, presentía el latido de una extraña y maravillosa ruta (acaso sólo un resplandor, un instante de sol, antes de llegar la noche).

Adónde iban los álamos —ahora me doy cuenta— tal vez sí lo sabíamos entonces. Solamente nosotros, de niños, lo podíamos conocer, desde aquel tiempo irregresable que siempre, desde el primer día, pareció tiempo pasado. Porque el tiempo no fue el único culpable, ya que **nos traicionamos**[21] creciendo, **envejeciendo**,[22] minuto tras minuto. Y acaso, pues, todo tenga una sola explicación: necesidad de olvidar.

---

[20] **arroyos**—streams, brooks.

[21] **nos traicionamos**—we betrayed ourselves.

[22] **envejeciendo**—aging, growing old.

PREGUNTAS

1. ¿Cómo era el pueblo antes y cómo se fue transformando con el paso del tiempo?

2. Explica el significado de estas palabras de la narradora: "Porque el tiempo no fue el único culpable, ya que nos traicionamos creciendo, envejeciendo, minuto tras minuto."

3. Comenta la relación entre la infancia y la naturaleza en este cuento.

El tiempo

Este cuento trágico es uno de los más extensos de la autora. En él se relata la historia de un par de amigos huérfanos que sólo encuentran apoyo en su relación y que en el intento por conseguir una mejor vida, se estrellan en contra del destino.

El tren aparecía, casi siempre de un modo inesperado por uno de los extremos de la ancha curva que encerraba el pueblo. El tren pasaba alto, dando un largo grito, y desaparecía de nuevo tras las rocas agudas.

Las casas empezaban al borde mismo de la vía e iban descendiendo, en suave declive, con estrechas calles **pedregosas**[1] entre muros de cal. El pueblo, gigantesca hoz[2] de tierra, guardaba en lo hondo un mordisco de mar y todo el mundo de Pedro. Más arriba, más allá del tren, rozando el cielo, brotaban los oscuros olivares, adonde él no iba nunca.

---

[1] **pedregosas**—stony, rocky.

[2] hoz—sickle, scythe.

Los primeros recuerdos de Pedro venían como a través de una nube de oro. Nacían de una mañana invernal, en el puerto, en la neblina encendida por el sol.

Él tendría apenas cinco años, entonces. Iba de la mano de su madre. Le gustaba pasar muy al borde del muelle, para ver las lanchas y las barcas pequeñas, donde a aquella hora se reunían los pescadores a almorzar sobre cubierta. De la cercana taberna traían unos cuencos de porcelana azul, colmados de una sopa espesa y humeante. El aire estaba lleno de olor de aquella comida, de sal, de alquitrán. Pedro avanzaba con un trotecillo[3] menudo al lado de su madre, y agitaba en el aire la mano libre, sin saber por qué. Recordaba la panza blanca de las **gaviotas**[4] que volaban sobre el agua, donde había grandes islas de colores violeta, verde y amarillo. Aquellas manchas, que cambiaban continuamente de color y de forma, le dejaban absorto y maravillado. En el agua negra, junto al casco de los buques más grandes, las manchas de color rubí brillaban como estrellas. Había un gran cielo sobre ellos, un gran cielo gris y blanco, donde flotaba un humo rojizo. Dentro de aquel humo, Pedro había visto una torre con un reloj que desgranaba lentas campanadas. Daba mucha alegría mirar al mar, algunas veces. Al mar, con cien colores. Que se iba hasta no se sabe dónde. A lo lejos, los buques grandes dormían como perros al sol.

La madre caminaba suavemente, sin que sus pies hicieran casi ruido. Era alta, delgada, vestida de azul, con un **delantal**[5] a rayas blancas y negras. Tenía la piel morena, oscura, y los labios apretados y silenciosos. Dentro de los labios y de las manos, la madre tenía una sangre muy caliente, tan dulce, tan cercana, que, a veces, Pedro experimentaba una opresión en la garganta.

---

[3] trotecillo—a little skip, trot.

[4] **gaviotas**—seagulls.

[5] **delantal**—apron.

Aquella mañana iban a esperar la llegada del padre. Esto ocurría cada diez o quince días, porque el padre era fogonero de un barco de cabotaje.⁶ Pedro y la madre avanzaban con paso ligero, dejando atrás montones de sacos y cajones, hombres que **liaban**⁷ un cigarrillo, gatos que husmeaban en los desperdicios y el **bronco**⁸ **borboteo**⁹ de las lanchas motoras. La calma del mediodía sumía los **muelles**¹⁰ en un silencio apenas horadado por lejanas voces y rumor de máquinas. Dentro de las barcas, los pescadores comían en círculo, descalzos. Un perro negro ladraba.

El balanceo lento, casi imperceptible, de aquella como ciudad acuática producía en Pedro una especie de ensueño. A veces, cuando dormía, creía atravesar paisajes como aquél, tenuemente balanceado, entre la suave neblina dorada y el vuelo de las gaviotas. Luego, cuando despertaba, sentía una extraña alegría, cortante, indecisa. Como aquella mañana.

El barco ya había arribado. Estaba quieto. Pero su sombra temblaba en el agua, tremenda, negra, humana. El padre estaba de espaldas, hablando con otros hombres. Pedro se desprendió de la mano y echó a correr hacia él.

No sabría explicárselo, pero sentía una íntima, profunda satisfacción por ser hijo de aquel hombre. **Solía**¹¹ sentarse en sus rodillas, levantaba la cabeza para ver cerca su barbilla mal afeitada, olía su agrio olor y escuchaba su voz. Sabía bien todos los surcos de su cara, el movimiento de los músculos del cuello, el brillo de su mirada. Conocía las manchas de sus manos, las que se iban con agua y jabón y las que no podían borrarse. En

---

⁶ cabotaje—coastal trading.
⁷ **liaban**—rolled.
⁸ **bronco**—rough, harsh.
⁹ **borboteo**—bubbling.
¹⁰ **muelles**—wharves, piers, docks.
¹¹ **Solía**—he used to, he was in the habit of.

la casa donde vivían, las paredes estaban cubiertas de cal, por dentro y por fuera, y la luz les arrancaba un blanco terrible, exasperado. Cuando el padre estaba dentro de la casa, todo parecía llenarse con su sombra, todo parecía de otro color. Los días en que el padre llegaba, muy temprano aún, la madre le despertaba, anunciándoselo. Las cortinas de la ventana se iban dorando vivamente. Pero saltaba de la cama y se quedaba un rato aún quieto, sentado al borde, con las piernas colgando y mirando a todas las cosas. Luego tenía viva necesidad de ir a contarlo a todos los de la calle. Salía y correteaba de un lado a otro, creyéndose que todos se alegraban también. La madre se asomaba al pequeño balcón pintado de verde y **le reñía**[12] por andar con los pies descalzos. Cuando el padre venía a casa, todas las cosas eran mejores.

Aquella mañana el padre se volvió a él y le cogió en brazos. La madre se quedaba siempre un poco aparte, con las manos cruzadas, mirando. Inmediatamente se ponían a hablar de cosas. El hombre escuchaba, asentía, ladeaba la cabeza. Luego respondía, con sus palabras lentas, como si le costara un gran esfuerzo pronunciarlas.

Hablaban de la casa. Siempre hablaban de aquella casa que tenían y que a Pedro le parecía absolutamente natural de poseer. No comprendía por qué continuamente las palabras de sus padres estaban dando vueltas y vueltas en torno a aquellas cuatro paredes blancas, como abrazándolas.

Alguna vez, si el padre tenía buen humor, iban a comer a una cercana taberna. Había mesas de madera, con manteles a cuadros. Por las ventanas se veían, el mar y las nubes. El sol ponía manchas amarillas en el suelo. A Pedro le gustaba el ruido del vino y el agua al ser vertidos. El sol **taladraba**[13] el cristal de los vasos llenos. Pedro se sentía tranquilo, abandonado a una paz honda,

---

[12] **le reñía**—scolded him.

[13] **taladraba**—drilled through, pierced.

viendo al padre y a la madre, al cielo, a los niños que pasaban y a los árboles que bordeaban el Paseo del Mar.[14]

Aquel día hizo lo que todos los días. En la calle **tiraba**[15] piedras, jugaba con el perro. Fue a la tienda, a comprar el pan, con el dinero dentro del puño: hizo todos aquellos encargos a que le enviaba su madre, **se entretuvo**[16] en la esquina para contar los **tapones**[17] de botella de cerveza, que guardaba en un hueco de la pared, tapado con una piedra. Pero en todo momento él sabía que el padre había llegado, que estaba en el pueblo. Por la noche entró en la casa y fue a la cocina. El padre estaba sentado junto al **fogón**,[18] apaciblemente, y hablaba de dinero, como siempre. Pedro se sentó en el suelo, con la espalda apoyada en las piernas del hombre. La madre cubrió la mesa con el **mantel**[19] y colocó los platos. Ahora era ella la que escuchaba al hombre. Sus labios apretados, su mirada rápida, brillante, revelaban su atención fija en las palabras del padre. Su cuerpo se movía, iluminándose a trechos por el resplandor del fuego. En los brazos morenos, que colocaban objetos, en la cintura, en el cuello, su sangre se sentía avisada por un rumor suave y constante.

Pedro se acostó pronto, porque cenando se dormía y se le caía la cabeza encima del mantel.

De madrugada, se despertó. Tenía sed, y se levantó de la cama para ir a beber agua. Pasó frente a la puerta tras la que dormían sus padres, y entonces tuvo deseo de verlos. Se acercó de puntillas[20] y apartó suavemente la cortina. La ventana de la habitación estaba abierta, y una

---

[14] el Paseo del Mar—esplanade, boardwalk along the sea coast.
[15] **tiraba**—threw.
[16] **se entretuvo**—dallied.
[17] **tapones**—caps.
[18] **fogón**—stove.
[19] **mantel**—tablecloth.
[20] de puntillas—on tiptoe.

tenue claridad gris difuminaba los contornos de los cuerpos. Toda la habitación estaba como llena de una honda respiración como un pecho tras una larga carrera. Pedro sintió una alegría intensa, viva, como cuando el sol penetraba en el vino y lo encendía. Era una felicidad completa verlos juntos. Con la piel del padre, casi negra, junto a la de la madre. Silenciosamente, volvió a su cama, y sin saberlo de un modo concreto, sintiéndose fuerte por haber nacido de ellos.

Tras estos recuerdos aparecía brusco, violentamente nuevo, el primer día de escuela. Los primeros quince días le mantuvieron como en acecho. De pronto descubría que los niños y los hombres eran muy diferentes entre sí.

Los antiguos almacenes de madera habían sido convertidos en local de la escuela. En el techo, agujereado, había grandes toldos[21] de **lona**[22] y **hule**.[23] Estaba cerca del puerto, y por las ventanas se divisaba el muelle, llegaba el grito de las sirenas, las campanadas y el humo. En el recinto, grande y **destartalado**,[24] sobre unos bancos de madera, **se alineaban**[25] unos sesenta niños, entre los siete y los doce años.

Un mundo simple y brutal le recibió. Algunos niños llevaban alpargatas sucias, otros botas, con **cordones**[26] en zigzag. Estudiaban, gritaban, jugaban, se pegaban, comían tirando los papeles al suelo y orinaban contra la pared. Los niños eran a un tiempo buenos y malos, tristes y alegres, pobres y ricos. Trataban a los maestros con crueldad, semejante a la que recibían de ellos, y, por Pascua, les componían largas felicitaciones con lápices de colores, aunque al día siguiente escribieran en la

---

[21] toldos—tarpaulins; sheets of heavy waterproof material that are used to protect something from the rain.

[22] **lona**—canvas.

[23] **hule**—oilcloth.

[24] **destartalado**—shabby, ramshackle.

[25] **se alineaban**—sat in rows.

[26] **cordones**—shoelaces.

pared: "Los maestros son burros". Todo era natural y vulgar allí. No podía sorprender casi nada.

Pedro cayó en el río de aquella vida, y su corriente le arrastraba, sin que al parecer pudiera surgir nada capaz de detenerle. Allí, uno se olvidaba de cosas y aprendía otras, con una rapidez angustiosa, excesiva. Nacían y morían cosas dentro de él, de un modo irremisible, sin tiempo para **apercibirse**.[27] Los niños tiraban al maestro bolitas de papel **mascado**[28] y recibían su castigo con la cabeza **gacha**[29] y los hombros levantados. Los mismos que animaban a burlarse del maestro reían después la **reprimenda**[30] del compañero que había dado la cara.[31] Se traicionaban y se ayudaban hasta el heroísmo.

Una vez, un chico llamado Quim soportó veinte azotes por no delatar al que ató un petardo a la silla del maestro, y poco después robaba la merienda de su defendido. Un día eran amigos, y al día siguiente, por un lápiz rojo o una lección mal aprendida, se volvían rivales furiosos. Pedro sintió cerca la inmensa incomprensión del hombre, la soledad del hombre, la complicada **trabazón**[32] de la sociedad. Era como si todos **se debatiesen**[33] dentro de una gran campana de cristal, codo a codo.[34] Faltaba oxígeno. Por eso, a veces, se sentía tan **próximo**[35] y unido a todos ellos, y otras, en cambio, le inundaba la sensación de lejanía, y parecía como si le brotaran unas absurdas alas que le llevaban aparte, mucho más allá de los amigos y los rivales, del suelo y del cielo.

En ocasiones, les entraba a los muchachos un deseo incontenible de martirizar al maestro. Sin palabras, se

---

[27] **apercibirse**—to notice it.

[28] **mascado**—chewed.

[29] **gacha**—lowered.

[30] **reprimenda**—reprimand, scolding.

[31] dado la cara—taken the responsibility.

[32] **trabazón**—union, bond, cohesion.

[33] **se debatiesen**—struggled.

[34] codo a codo—side by side, very closely.

[35] **próximo**—close, near.

ponían de acuerdo. Empezaban a silbar los del último banco, y cuando el maestro, irritado, llegaba hasta ellos, se callaban. Entonces los de las primeras filas continuaban, y la comedia se repetía hasta que le veían correr de unos a otros como un imbécil.

Había una gran pizarra al fondo, y un mapa de Europa lleno de manchas y roído por las ratas. De cuando en cuando, el maestro pasaba lista.[36] Había niños constantes y puntuales, y niños que a lo mejor no aparecían durante un mes. Estos últimos eran por lo general hijos de pescadores, que solían salir a la mar en la lancha del padre.

Los primeros tiempos, por culpa de algún objeto demasiado querido, por distracciones, por timidez, Pedro recibió algún puñetazo. Aprendió a pegar a su vez, y a recibir golpes con los dientes apretados. De este modo acabó teniendo amigos; esos amigos vagamente enemigos, que sólo se tienen a los siete años. Se hizo más fuerte. Como si otro Pedro se pusiera en pie dentro de él. Las voces y las burlas ya no le afectaban como en un principio. Comprendió el vocabulario breve y contundente de los chicos, se le hicieron las manos y la voz más duras. ¡Ah!, si no hubiera sido por culpa de aquellas alas que inesperadamente le **remontaban**[37] del suelo y le apartaban de todo, Pedro hubiera continuado siendo un niño feliz. Pedro, sin saber cómo, se quedaba de pronto tan lejos, tan indiferente.

Con dos de aquellos muchachos entabló una relación más estrecha que con los demás. Se llamaban Ramón y Quim. Ramón era hijo de un zapatero remendón,[38] y Quim no tenía padres. Entre ellos dos, Pedro aprendió el valor de los objetos y del dinero. A veces maravillábase de que a cambio de unas monedas pudieran entregarle un libro o una pelota.

---

[36] pasaba lista—took attendance.
[37] **remontaban**—lifted, raised.
[38] zapatero remendón—shoe repairman, cobbler.

Ramón era menudo, con los brazos muy largos y la cara llena de pecas. Hablaba ceceando,[39] con aire **bobote**,[40] y siempre estaba dispuesto a la admiración y a la risa. A veces Pedro iba a casa de Ramón. El padre de éste, viejo ya, se pasaba el día **claveteando**[41] en su portalillo de zapatero. Vivía en una de las calles más estrechas y empinadas, que venía a desembocar al Paseo del Mar. La madre de Ramón tenía muy mala fama en el pueblo. Casi siempre estaba borracha. A veces pegaba al chico con la zapatilla, y frecuentemente se marchaba de casa y volvía tardísimo. Pedro había presenciado las disputas entre el padre y la madre de Ramón. Cuando estaba borracho, el viejo la golpeaba y la arrastraba por el suelo. Pedro preguntó a Ramón por qué sus padres parecían odiarse tanto.

—Es que el padre está muy viejo —repuso el chico—. Y ella, no.

—Pues ¿por qué no se va de una vez y no vuelve?

—¡Ah!, pues porque aquí come —dijo Ramón.

Quim respiraba otro clima. Vivía con su tío, dueño de un merendero de la playa. En el verano, cuando llegaban forasteros, el chiringuito[42] se llenaba de gente, de cervezas y de bocadillos. En el invierno resultaba más taberna que otra cosa, y en él se reunían los patronos de las barcas, los marineros y los pescadores. Estaba entonces lleno de humo, y frotando el vaho que empañaba[43] los cristales se veía el mar, cercano y negro, el oscuro cielo de la noche y las luces amarillas de los barcos que pasaban.

Quim tenía ya once años. Su tío le pegaba, porque Quim era un ladrón incurable. Pedro acabó comprendiendo que aquello no tenía remedio, que su amigo

---

[39] ceceando—with a lisp; pronouncing the "s" sound as a "th".

[40] **bobote**—silly.

[41] **claveteando**—nailing away, putting nails in shoes.

[42] chiringuito—a small, crudely furnished bar or café along the coast, especially in a fishing village.

[43] **empañaba**—clouded, misted up.

Quim sería siempre ladrón, porque había nacido ladrón, del mismo modo que se nace con el pelo rubio o negro.

Quim era alto, robusto, con ojos vagamente tristes. Casi nunca faltaba a la escuela, exceptuando las veces en que su tío no quería o no podía pagar la mensualidad.[44] Entonces Quim rateaba por el muelle y ayudaba a su tío en el trabajo del chiringuito.

Un día el padre de Ramón se puso enfermo. Le había ido a ver el cura de la parroquia, y le dejó sobre la mesilla unas medicinas y cincuenta pesetas. La madre **canturreaba**[45] sentada a la puerta. Pedro fue a ver a su amigo. Le encontró al lado del viejo zapatero. Estaba sentado junto a su **cabecera**,[46] y a veces se levantaba y con su pañuelo, arrugado y sucio, le limpiaba el sudor de la frente. Los **lacios**[47] bigotes del viejo caían, húmedos y pegajosos, sobre los labios, y parecía mirar continuamente algún punto de la pared. Estando allí los dos, quietos y silenciosos, llegó Quim. Traía un paquete con comida que había robado del merendero. Se sentaron en el suelo y se repartieron la **inesperada**[48] merienda. El enfermo no parecía enterarse de nada. Se oía su fatigada respiración, y, de vez en cuando, Ramón se levantaba para **enjugarle**[49] el sudor. Después, se sentaba de nuevo, y devoraba **simplonamente**.[50]

Pocos días más tarde el zapatero murió. Ramón no volvió por la escuela, y poco a poco fue olvidado por Pedro y por Quim. Alguna vez le veían, con un largo **blusón**[51] y un **cesto**[52] lleno de **comestibles**[53] sobre el

---

[44] mensualidad—monthly installment or payment (for tuition).

[45] **canturreaba**—hummed, sang softly.

[46] **cabecera**—headboard.

[47] **lacios**—lank, limp.

[48] **inesperada**—unexpected.

[49] **enjugarle**—to wipe away.

[50] **simplonamente**—foolishly, dumbly.

[51] **blusón**—smock.

[52] **cesto**—basket.

[53] **comestibles**—groceries.

hombro, porque estaba empleado en la tienda de la Cooperativa.[54]

Todos estos menudos hechos **iban estancándose**[55] en el corazón de Pedro, que empezó a dar un valor concreto a cuantas cosas recibía del padre y de la madre. Sus zapatos, su comida, sus cuadernos y sus libros de la escuela. También aquel sobre de papel azul donde llevaba él mismo la mensualidad al director. Todo aquello, comprendió, estaba conseguido por las **ausencias**[56] del padre, por las manchas de sus manos; por aquella mirada preocupada, pensativa, de la madre. Ahora escuchaba conversaciones de los dos en la cocina. Aquel contar el dinero y aquel hablar siempre de la casa. Se dio cuenta de que él no faltaba nunca a la escuela: como los hijos de los pilotos, de los dueños del almacén, del juez y del jefe de Correos.

Un día el párroco de San Pedro buscó a todos los niños de su edad para prepararlos a la Primera Comunión.[57] A la salida de la escuela los reunió en la Catequesis.[58] Antes de esto, algún domingo, Pedro había ido a la iglesia con su madre. Ella se ponía un velo sobre la cabeza y se arrodillaban muy quietos los dos, mirando, mirando y pensando cosas. Hasta que el cura se volvía y les decía con un gesto, lento y suave, que volvieran a sus casas. La madre se ponía en pie, buscaba su mano y retornaban a sus quehaceres. La iglesia era de piedra gris, fría y hermosa. Tenía altas ventanas, tras las cuales, en abril, se oía gritar a las golondrinas y gaviotas.

---

[54] Cooperativa—store where products from the village are sold, especially crops, wine, and oil.

[55] **iban estancándose**—were becoming stagnant.

[56] **ausencias**—absences.

[57] Primera Comunión—First Communion; an important rite of passage in the Catholic faith, this is the first time that a Catholic recieves consecrated bread and wine in remembrance of Christ's body and blood.

[58] Catequesis—Catechism; here, a class that teaches catechism, a series of questions and answers that teaches the basic principles of the Catholic faith.

En algún momento el niño había sentido un vago temor allí dentro. San Pedro era alto, con rizadas barbas, y se parecía bastante a Tomás, el patrón de "La Gaviota". Alguna vez, cuando había **temporal**,[59] se oía a las olas chocar contra los muros.

El párroco, que era joven y simpático, los reunía en la sacristía.[60] Pedro se sentó tímidamente y escuchó, lleno de curiosidad. El párroco les habló de Jesucristo. Oyéndole, Pedro experimentó una rara desazón. Acudió al día siguiente, y todos los demás, con una extraña impaciencia en el pecho. Porque quería oír hablar de aquel Hombre, necesitaba de un modo vivo oír hablar de Él. Al fin, el sacerdote repartió entre ellos unas estampas con el Hombre clavado y lleno de sangre. Pedro le contempló, reflexivamente. Un vago presentimiento le llenó de melancolía. La muerte le dejaba **absorto**.[61] Pedro había oído hablar de muertos, de hombres que no volvían del mar. Pero eso siempre parecía un poco mentira, una cosa que no se sabe del todo si puede ser verdad, y parecía que de un momento a otro aquellos hombres iban a aparecer en las puertas de sus casas, tras las esquinas de las calles, en la misma mesa que ocupaban en el chiringuito. En cierta ocasión había oído discutir al patrón de una barca con un marinero. El marinero pedía algo, algo que él no recordaba, y decía: "Pero eso, para siempre. Lo quiero para siempre". El patrón, un hombre gordo, con una colilla de puro[62] en la boca, escupió al suelo y dijo: "¡Siempre! «Siempre» es una palabra idiota". Aquella escena, aquellas palabras, venían a él ahora de un modo candente.[63] De pronto, pensó en cuando él muriese, en cuando fuese un montón de carne muerta.

---

[59] **temporal**—storm.

[60] sacristía—vestry; a room in a church which a prist or minister uses as an office or to change into his official clothes for taking a church service.

[61] **absorto**—absorbed, engrossed.

[62] colilla de puro—cigar butt.

[63] de un modo candente—in a burning flash, with a rush of emotion.

¿Y entonces? Cristo iba más allá de los hombres, y sin embargo, muerto, estaba cerca de los hombres. "«Siempre» es una palabra idiota. . ." Sin embargo, el Hombre muerto hablaba de eternidad. Era aún muy niño para alcanzar el sentido de esta palabra, que flotaba confusamente en sus pensamientos. Guardó la estampa con amor, con un dulce deseo en su alma. La clavó en la pared, junto a su cama, y la miraba, la miraba mucho. "«Siempre» es una palabra idiota." Pero se lo llevaba a uno, le arrastraba a uno, por encima de la palabra "muerte", por encima de la palabra "nunca".

Ya tenía once años cuando la muerte llegó. Y fue su padre uno de aquellos hombres que no volvían. Pedro sintió a la muerte nueva, atrozmente nueva, como si su padre fuera el primer muerto sobre la tierra.

Le trajeron a casa con el cuerpo mutilado —explotó la caldera del barco—, y estaba allí, tendido, con las manos cruzadas y atadas, vestido con su mejor ropa por la propia madre, rodeado de todos los vecinos. Y Pedro sentía su ausencia **desgarradoramente**.[64]

Al principio no pudo llorar. Su madre le apretó contra sí, y los dos sintieron frío. Pedro se notó atraído hacia el cuerpo de ella, apretado de tal modo en sus brazos, que parecía como si le quisiera tornar de nuevo a su sangre. A aquella sangre que se le adivinaba a través de la piel, en la mirada, en los cerrados labios.

Era verano y, como hacía un calor asfixiante, estaban abiertas las ventanas, sólo veladas por fragmentos de red vieja. Los insectos zumbaban tórridamente. Pedro tenía el pecho **agarrotado**,[65] y bajó la escalera con un extraño deseo de salir al aire, de salir de algo que le **atenazaba**[66] y oprimía. Descendió lentamente por la empinada calle, a cuyo confín se veía un trozo de mar,

---

[64] **desgarradoramente**—in a heartrending way.

[65] **agarrotado**—stiff.

[66] **atenazaba**—tied down.

intensamente azul. La luz del mar lamía las paredes de cal. Al llegar al extremo de la calle se detuvo sobre unos escalones de piedra que conducían a la playa. Una **extenuación**[67] súbita le paraba allí. Se reclinó contra la esquina de la última casa, y, blandamente, su cabeza se apoyó en el muro. Notó en la mejilla el ardoroso contacto de la cal, reverberando al sol. En cambio, sus manos parecían heladas. Las sombras intensas y cuadradas del suelo, el silencio todo de la primera tarde, le entraban poco a poco por ojos y aliento. Tenía el corazón como ajeno, diferente.

Entonces oyó voces y se estremeció. Miró hacia la playa y vio a Quim y a un grupo de muchachos de la escuela, que venían gritando, tirándose un objeto duro unos a otros, riéndose, con una áspera y bárbara alegría. Al mismo tiempo, como una estrella que cae, atravesó el cielo un largo, un frío y **punzante**[68] grito. El tren pasaba velozmente por sobre sus cabezas.

Pedro se apartó del muro, y unas lágrimas crueles, dolorosas, le brotaron como fuego. Las tapó con el revés de la mano, las secó con una honda desesperación. Se supo solo, tremendamente solo, sin un amigo. Entonces volvió lentamente hacia su casa, calle arriba. Sabiéndose precozmente endurecido, hombre.

2

Pedro abandonó la escuela apenas dos años después. Poco a poco había ido apartándose de los muchachos, volviéndose retraído, silencioso. Con más frecuencia aún que antes, aquellas alas le brotaban y le transportaban lejos.

Su madre, ahora, trabajaba por las mañanas en la fábrica de conservas. Como él era uno de los alumnos más inteligentes y despiertos, el director de la Escuela se interesó por él y le procuró un pequeño empleo en las

---

[67] **extenuación**—weakness, exhaustion.
[68] **punzante**—sharp, piercing.

oficinas de Consigna del puerto. Los primeros meses, casi se le utilizaba como mozo, e incluso barría el suelo de la oficina. Luego pasó a ayudante de despacho,[69] por conocer las cuatro reglas y escribir con bastante corrección. Tenía una pequeña mesa de madera, casi contigua a la del escribiente, con un tintero y una pluma que rasgaba el papel. El escribiente era un hombre viejo y poco amigo de palabras, por lo que Pedro podía abstraerse, recogerse, sin que nada le **turbara**.[70] Una gran soledad llenaba su corazón, pero esa soledad le era necesaria. Alguna tarde, saliendo de la oficina, el escribiente y él iban al chiringuito del tío de Quim y tomaban un café caliente. Se sentaban juntos y no hablaban. Luego, cada uno pagaba sus seis reales y se despedían fría y respetuosamente, hasta el otro día. En estas ocasiones Pedro veía a su antiguo amigo Quim, que fregaba los vasos en la pila del **mostrador**[71] y pasaba un paño húmedo por la superficie de cinc. Tenía la cara llena de granos y se ponía un cigarrillo —cuando alguien se lo daba— detrás de la oreja. Seguía robando, haciendo trampas con el dinero, y su tío gritaba asegurando que acabaría matándole o arrojándole de su casa. Quim apenas si hablaba con Pedro, porque, a aquella edad, los dos o tres años de ventaja de Quim suponían una barrera infranqueable, un mundo totalmente distinto.

También Ramón era ya dependiente en la tienda de la Cooperativa. Su antigua simpleza había derivado en una enorme fanfarronería, pues creció mucho y se creía buen tipo. Los domingos iba con alguna chica, al cine o a bailar. Todos los demás muchachos eran parecidos y hacían cosas parecidas. Trabajaban en los **astilleros**,[72] en la tienda, en el puerto. . . Otros, hijos de pescadores y marineros, continuaban el mismo oficio de

---

[69] ayudante de despacho—office clerk.

[70] **turbara**—disturbed, perturbed.

[71] **mostrador**—bartop, counter.

[72] **astilleros**—shipyards.

sus padres, y pasaban el día en el mar. Y los que eran hijos de juez, piloto, o jefe de Correos habían ya desaparecido del pueblo, para ir a estudiar a la ciudad.

En ninguno de ellos buscó Pedro ningún amigo, como si de antemano supiera que no había de hallarlo. Entregaba su sueldo a su madre. Cuando llegaba a su casa, la veía triste, con una imborrable tristeza en los ojos, prematuramente envejecida, y vestida de negro. Como siempre, ella cubría la mesa con el mantel, colocaba los vasos y los platos, cosía junto a la cocina. El resplandor del fuego acariciaba dulcemente su cuerpo delgado, y Pedro sentía un vago deseo de abrazarla. Pero su madre era seria, poco afectiva, y su misma tristeza parecía alejar al muchacho, intimidarle. Como si le pareciese que iba a **profanar**[73] aquel mudo sufrimiento arrancándole una sonrisa. Este extraño pudor le mantenía, pues, silencioso, casi frío con su madre. A pesar de que un gran cariño le llevaba a ella, a veces con gran fuerza.

Aquellas antiguas conversaciones sobre el dinero, las tenía ahora la madre con él. Si bien ya no había en ellas aquella roja y viva vena de esperanza que tuvieran con el padre. Por el contrario, eran **deprimentes**.[74] Y cercaban a veces, **laceraban**,[75] como **tenazas**[76] de hierro. Pedro se dio cuenta de que vivir cuesta mucho, de que vivir tal vez es un castigo. Iba apretando cosas en su corazón; tenía el corazón tan lleno de cosas, que, a veces, temía sentirlo estallar. Cosas reprimidas, **sofocadas**,[77] muertas a veces. En ocasiones había como un llanto dentro de su pecho, un llanto que jamás tomó forma en sus ojos, e iba chocando, como una mariposa ciega, en las

---

[73] **profanar**—to desecrate, to defile; to do or say something offensive about something considered holy, important, or special.

[74] **deprimentes**—depressing.

[75] **laceraban**—lacerated, gashed.

[76] **tenazas**—claws, pincers.

[77] **sofocadas**—suffocated, stifled, suppressed.

paredes de su alma. Deseaba violentamente liberarse de tantas **ligaduras**[78] como le sujetaban. Se sabía preso de cosas irremediables, vulgares cosas irremediables, que no tenía derecho ni fuerza para cortar. Y sabía que, a medida que fuera haciéndose hombre, estas cadenas más y más le apresarían, y más y más iba a serle imposible romperlas. La ventana del despacho, en la oficina del puerto, daba al mar. Al registrar la entrada y salida de los barcos, al oír la campana, algo le mordía como un perro furioso. También el grito del tren le llenaba de **zozobra**,[79] estremeciéndole. Pero a todas estas llamadas Pedro cerraba los ojos y procuraba aislar su corazón, encerrarlo en una zona gris y helada, alejarlo de todo. Volvía a su casa y miraba a su madre. La miraba con intensidad, y la veía endurecida por el trabajo, agostada. En sus labios cerrados había también como un grito preso, un largo gemido vencido, **amoratándose**.[80] El silencio de la madre, las oscuras sombras de sus ojos, hablaban al muchacho con un lenguaje desgarrador, que en vano hubiera deseado eludir. Pensó entonces que el hombre no está únicamente solo, sino, además, **cargado**[81] de responsabilidades. Y también de fuerza. Lleno de una absurda fuerza que le empujaba a través del tiempo, de generación en generación. Siempre. Siempre.

Pedro se sorprendía pensando casi continuamente en el dinero. Ahora era él, y no el padre, quien hablaba de dinero. Pensaba en cuánto un hombre debe sacrificarse, enterrar, para tener dinero. **Se desalentaba**[82] a veces, imaginando que toda la vida habría de ir creciendo en trabajo y en responsabilidad, sólo para poder comer, cubrir su cuerpo y dormir bajo techo. De este modo la vida no parecía tener sentido alguno, se decía con amargura.

---

[78] **ligaduras**—ties, bonds.

[79] **zozobra**—uneasiness, anxiety.

[80] **amoratándose**—turning black and blue.

[81] **cargado**—burdened, loaded.

[82] **Se desalentaba**—became discouraged, became disheartened.

Una temprana y maligna desesperanza le invadía, la angustia alcanzaba su alma. Solitario, pensativo, algún atardecer, en el verano, cuando aún había una dorada luz en la lejanía, antes de ir a cenar, se iba bordeando el puerto y salía a la playa. Sentado en la arena contemplaba la ancha curva de la bahía. El mar **iba enrojeciendo**[83] por momentos, y todo el pueblo se reflejaba en él. Pedro veía las manchas claras de las casas, los puntos negros de las ventanas. Y sabía a todos los hombres, como gusanos tenaces, levantándose, trabajando, comiendo y acostándose. Un viento negro sacudía entonces su alma, y volvía a su casa. Alguna vez se morían gentes conocidas. La abuela del piloto Pancho. Un hombre. Una mujer. Un muchacho. Las vecinas, entonces, se apiñaban en la casa. Algún niño miraba a través de la ventana, lleno de curiosidad. Llegaba el párroco de San Pedro y llevaban el cadáver al cementerio, que estaba detrás del barrio de pescadores. Lo metían en la tierra. Le echaban encima más tierra. Más tierra. Lo **apisonaban**[84] bien. Si era verano, un gran cielo caía bajo, derretido. Si era invierno, los árboles parecían esqueletos negros, fríos, contemplando con una gran indiferencia los hombres vivos y el muerto. Alguien enderezaba una cruz. Después todos volvían al pueblo. Y continuaban acostándose, trabajando, comiendo, trabajando y acostándose. Así, un día y otro día.

Y una tarde, siendo invierno, llegó al pueblo una niña.

3

La niña era sobrina de las dos viejas encargadas de Telégrafos. Vivían éstas en una pequeña casa, junto al Paseo del Mar. Era una casita con una puerta y una ventana, de madera, pintada de azul, y cristales.

---

[83] **iba enrojeciendo**—was getting redder and redder.

[84] **apisonaban**—pounded, packed.

Tras la ventana, que hacía las veces de escaparate, se exhibían postales con vistas del pueblo, cajitas hechas de conchas, pañuelos, jarros de barro **esmaltado**[85] de verde y un **sinfín**[86] de menudos y polvorientos objetos de difícil aplicación.

Estas dos mujeres se llamaban Martina y Felisa, y en el pueblo no se las quería mucho, por ser **maldicientes**[87] y **avaras**.[88] Tenían un gran brasero[89] de cobre junto al que se sentaban, con las manos en los sobacos, bajo sus amplias y sucias toquillas, o tejiendo con largas agujas de acero interminables prendas de lana. Murmuraban, **bostezaban**[90] y, a veces, sacaban una de las largas agujas y se rascaban la cabeza. Las acompañaba casi siempre un gato gordo, negro, egoísta y desapacible como ellas. Colocaban brasero y sillas junto a la centralilla, metían y sacaban clavillas, daban a la **manivela**[91] y se peleaban entre sí o, a través del hilo, con la telefonista de la central.

Habían sido, en realidad, tres hermanas. Pero en el pueblo se decía que la hermana pequeña se escapó en compañía de un actor que formaba parte de una compañía llegada al pueblo por la **feria**.[92] Decían que, en la ciudad, la muchacha se había dedicado al teatro. Martina y Felisa, sin embargo, no volvieron a hablar jamás de esta hermana, como si no hubiera nacido.

Cuando apareció en el pueblo la pequeña Paulina —Martina la trajo una tarde, tras un misterioso viaje a la ciudad—, todo el mundo supo que la hermana menor había muerto en el hospital, dejando una niña totalmente desamparada.

---

[85] **esmaltado**—enameled.

[86] **sinfín**—endless number.

[87] **maldicientes**—slanderous, foul-mouthed.

[88] **avaras**—greedy.

[89] brasero—brazier; a copper container with burning coal, or charcoal usually placed under a table to keep people warm.

[90] **bostezaban**—yawned.

[91] **manivela**—crank, handle.

[92] **feria**—fair.

La primera vez que vio Pedro a Paulina fue una tarde de enero, a la hora en que salían los niños de la escuela. Del pabellón de las niñas los grupos iban saliendo más pacíficamente, deteniéndose, reuniéndose, a veces, con las cabezas juntas, para mirar un cromo o una cajita. Pedro no se había fijado hasta entonces en ninguna niña. Le parecían extraños seres absurdos, embusteras, llenas de risitas estúpidas y de secretos. Pero aquella niña, Paulina, era muy diferente. A primera vista podía adivinar la hostilidad con que había sido **acogida**.[93] Iba sola, la única que salía sola de la escuela. Las demás se volvían a mirarla con **descarada**[94] impertinencia, y un visible deseo de mortificarla, con sus risas veladas y sus **cuchicheos**.[95] Paulina, solitaria, se dirigió al Paseo del Mar.

Una dulce y dorada neblina flotaba entre los troncos de los árboles, acariciados por el viento y la luz del mar. La tierra del suelo era de un tono encendido, y las ramas desnudas, como finísimas agujas negras, se recortaban en el cielo gris y rojo. Al fondo, el agua aparecía **lisa**[96] y brillante, como una superficie mineral. Entre los grupitos de las niñas llegaron hasta Pedro palabras crueles y agudas: "Está enferma". "Dicen las de Telégrafos que no sirve para nada." "Su madre era una mujer muy mala." Y, luego, algo que se grabó afiladamente en su corazón: "Se morirá muy pronto".

Pedro, sin saber a ciencia cierta lo que hacía, ni por qué lo hacía, siguió los pasos de la niña. Algo sutil, mágico, le guiaba suavemente tras ella, sin que apenas él mismo lo notase. En realidad, en aquel momento no sabía lo que estaba haciendo, pero sus pies siguieron los pasos leves de Paulina. Aquella frase "Se morirá muy pronto" le atraía de un modo extraño, le empujaba tras aquella criatura. La niña avanzaba frente a él, y Pedro

---

[93] **acogida**—received.

[94] **descarada**—shameless.

[95] **cuchicheos**—whispering.

[96] **lisa**—flat, smooth.

contemplaba su espalda, sus largas piernas, sus trenzas. Tendría unos doce años. Estaba enferma, decían. El caso es que era tan delgada, casi irreal, frágil como un tallo. Andaba de un modo breve y rápido, entre los troncos y la niebla. Pedro sintió como un tierno dolor clavándosele en el pecho. Había en ella una **gravedad**[97] prematura. Vestía un abrigo a cuadros, que le iba un poco corto, y sus trenzas, sobre la espalda, eran de un tono rojo, encendido, brillante. Parecía como muda, sin sonrisa. Con sus **ademanes**[98] lentos y orgullosos, avanzaba paso a paso, cuando parecía que iba a caerse o partirse en dos. Pedro, súbitamente, pensó: "No va a resistir el invierno". La veía como apartándose de todo, avanzando sola, acercándose al mar. Había encontrado en alguna parte un jirón de piel marrón, y con él se envolvía las manos, como en un manguito.[99] Un orgullo infinito la apartaba de los grupos, de los insidiosos cuchicheos de las otras niñas. Parecía que las burlas y las palabras malignas jamás podrían ascender a sus oídos. Pedro se fijó entonces en sus pies, embutidos en unas botas largas, con muchos botones. Debían irle pequeñas, porque sus pasos se hacían forzadamente breves. Aquellos pequeños pies aprisionados conmovieron a Pedro. Nunca había sentido una sensación parecida, **agridulce**,[100] que ni siquiera se atrevía a confesarse. "¿Qué querrá Paulina?", se preguntó, puerilmente. ¿Dónde habría visto Paulina retratos de antiguas damas que pasean lentamente con manguito, la cabeza erguida y sin sonrisa?

Al llegar frente a Telégrafos, la niña entró dentro. Pedro vio cerrarse la puerta tras sus cabellos rojos, y el último sol de la tarde se inflamó, confundido en un mismo tono de fuego, sobre la cabeza y el cristal, al cerrarse.

---

[97] **gravedad**—seriousness.

[98] **ademanes**—gestures.

[99] manguito—muff; a piece of fur or thick cloth shaped like a short hollow cylinder and used to keep a person's hands warm in cold weather.

[100] **agridulce**—bitter-sweet.

Pedro volvió despacio hacia la playa y entró en el chiringuito. Quim estaba inclinado sobre el mostrador, apuntando algo. Pedro bebió una taza de café, muy caliente. Miró al mar, a través de los cristales. El terrible mar, cercano y lejano, como una ancha y cruel sonrisa. De pronto distinguió la alargada silueta de un buque que se alejaba. Volvió a pensar en la niña, en sus pies oprimidos. Después pagó y salió de allí. En toda la noche, ni al otro día, hasta la hora en que salió de la oficina, volvió a pensar en ella.

A la tarde siguiente, cuando parecía haberla olvidado, la vio de nuevo, y volvió a seguir sus pasos hasta que la puerta de cristales se cerró tras ella. Así iba sucediendo un día tras otro, y él lo olvidaba. Hasta el día siguiente.

Pero una tarde no la vio. Entonces estuvo pensando en ella, con rara desazón. Durante varios días, Paulina no apareció por la escuela. Al fin oyó que estaba enferma, que era una niña **delicada**[101] y una carga para las dos viejas hermanas de Telégrafos.

A medida que pasaban los días, Pedro pensaba más en Paulina. Al darse cuenta de ello experimentó una vaga inquietud, una extraña sensación de molestia. La recordaba cruzando el Paseo del Mar. Siempre solitaria y distante. Con la cabeza levantada, su largo cuello un poco **echado**[102] hacia atrás, parecía elevarse sobre el ruido del mar, las risas estúpidas de las niñas y las voces de los hombres. Con sus pequeños pies oprimidos, entre **empujones**,[103] intentaba hacer flotar su dignidad extraña e inútil.

Al fin, una tarde, la vio. Estaba sola, bordeando el Paseo, junto al agua. Estaba muy pálida. Pedro sintió algo extraño dentro, como si quisiera detener su propio corazón, echarlo hacia atrás, **replegarlo**.[104] Se encontraba

---

[101] **delicada**—delicate, frail, in poor health.

[102] **echado**—inclined.

[103] **empujones**—pushes, shoves.

[104] **replegarlo**—fold it over and over.

cerca, casi la tenía al lado. Ahora veía su perfil blanco, la nariz breve y fina de la niña, la sombra de sus pestañas. Se inclinaba, mirando hacia el agua. Las **mangas**[105] del abrigo le venían cortas, y Pedro se fijó en sus muñecas, blancas, finas. Las manos quedaban ocultas en aquel extraño manguito, que daba un poco de pena y un poco de risa. Pedro adivinó allí dentro el tibio calor de las pequeñas manos, los dedos **entrelazados**.[106] Quizá las ocultaba porque en ellas estaba todo su miedo de niña solitaria.

Sin que se dieran cuenta se levantó un viento frío y brusco, que le arrebató el manguito de las manos volteándolo hasta el mar. La niña **entreabrió**[107] levemente los labios. Algo dio un tirón dentro de Pedro. Pensó que las manos de la niña no podían quedarse así, desnudas. Sus pobres manos desamparadas. Así lo parecían decir los ojos fijos de Paulina, la desolación infinita de sus labios.

Allí, bajo sus pies, estaba amarrada una barca, balanceándose. Pedro saltó a ella, y sacando medio cuerpo fuera, alargó el brazo y **rescató**[108] aquel jirón de piel. Cuando lo tuvo en la mano le invadió una oleada de vergüenza y miró tímidamente hacia la niña. Pero no a su figura real, sino a aquella que se reflejaba, **borrosa**[109] y **movediza**,[110] apenas una mancha de color, en el agua. Levantó los ojos y la miró al fin, de frente. Paulina estaba quieta, mirándole. Vio su carita fría y blanca. Los cabellos, muy tirantes por las trenzas, dejaban escapar, junto a las sienes, pequeños rizos rojos. El manguito estaba empapado y mustio, como una cría de perro a medio ahogar. Pedro no dijo nada. La niña cogió la piel y la extendió al sol para que se secara. Pedro saltó de nuevo

---

[105] **mangas**—sleeves.

[106] **entrelazados**—interlaced.

[107] **entreabrió**—half-opened.

[108] **rescató**—recovered, rescued.

[109] **borrosa**—blurred.

[110] **movediza**—moving, shifting.

a su lado, mirándola ahora sin timidez. Tenía movimientos nerviosos y leves, como alas de mariposa. Sus ojos eran de color de trigo, alargados, finos. Su boca, apretada, era una rayita casi blanca. El sol jugaba densamente con su cabello rojo, en luz lenta y complacida. Los movimientos de su cabeza eran acariciados por aquel fuego amoroso, ardiente. Pedro miraba los rizos que escapaban rebeldemente a la **tirantez**[111] del peinado. Una de las trenzas caía, desde la cabeza inclinada de la niña, y Pedro sintió deseos de acariciar su brillo suave, de sentir en la yema de los dedos el contacto de aquella trenza, que le parecía debía abrasar como una llama.

De pronto, unas voces bruscas, desapacibles, le sobresaltaron. La vieja Martina había aparecido tras la puerta de cristales, y se acercaba a ellos agitando una mano en el aire. Paulina se estremeció levemente. Por un momento fijó los ojos en Pedro, y el muchacho sintió la **punzada**[112] de las dos niñas negras, fijas. Las pupilas, de color de miel transparente, tenían un miedo frío, un miedo de vacío, que le impresionó. Martina cogió por un brazo a la niña, zarandeándola y gritando. La llamaba **holgazana**[113] y **soberbia.**[114] Una mujer vecina, la mujer del cartero, se acercó y empezó a reírse. Martina empujó a la niña hacia la casa, de malos modos, y habló a la mujer del cartero. Le dijo que tener a la niña era una carga pesada, **insoportable.**[115] Que ellas tenían que cargar con los pecados ajenos.

—¡Desgraciadamente, tiene a quién **parecerse!**[116] —decía.

Y empezó a contar cosas de la niña, cosas que Pedro **supuso**[117] estaban dolorosamente guardadas en

---

[111] **tirantez**—tightness.

[112] **punzada**—stab.

[113] **holgazana**—lazy.

[114] **soberbia**—arrogant, haughty.

[115] **insoportable**—unbearable.

[116] **parecerse**—to look like.

[117] **supuso**—guessed, supposed.

los ojos y en el corazón de Paulina, y nadie tenía derecho a revelar, a manchar. Sintió una ardiente indignación contra Martina, oyendo cómo explicaba a la mujer del cartero que Paulina subía al desván y se encerraba en él para danzar a solas. Ella la había visto por las rendijas de la puerta.

—La muy tonta —explicaba, con su voz dura, rompiente—. Anda por ahí martirizada por esas botas, por no querer ponerse alpargatas, como le he mandado. Y luego, baila con los pies descalzos, cuando cree que no la ve nadie. ¡Todo el día lo pasa escondiéndose, escapándose! ¡Para holgazanear! No hay quien la haga trabajar en nada. No es fuerte, y en lo poco que sirve, tampoco quiere cumplir. Su único trabajo es lavarse un pañuelo que se trajo entre los harapos que le dejó su madre. Lo lava y lo cuelga todas las noches en su ventana, como si creyera que Felisa o yo fuéramos a robárselo. ¡Será estúpida! Así, se creerá que se puede vivir. Claro, es muy cómodo que carguen con nosotros, nos mantengan y viva la alegría. ¡Ya le haré yo aprender lo que es la vida! ¿Para qué se creerá que ha nacido?

Pedro apretó los dientes. Una escondida rabia le cegaba. Había nacido Paulina para que él la viese, para que un muchacho triste y solitario pudiera verla reflejada en el agua temblorosa, con sus pasos dignos.

Y, así, para que la creyera bella y distante. Con su absurdo manguito de piel y su silencio. Paulina, grave y sería: no triste. Pedro experimentó una honda amargura. Cuando Paulina creciese, se dijo, se haría dura. Pero ahora, ¡era tan tierna aún su dureza! Sería áspera con el tiempo, **avinagrada**,[118] rencorosa. Pero ahora, niña como en eterna ofensa, no del todo comprendida por él, andaba sobre el suelo como una reina de juguete. Paulina había entrado en la puerta azul, sin apresurarse. Su barbilla temblaba levemente. Pero no decía nada. Entró en la casa y los cristales se cerraron tras ella.

---

[118] **avinagrada**—grumpy, sour, bitter.

Martina dio una **patada**[119] al manguito y lo lanzó al agua de nuevo.

¡Ya te enseñaré yo lo que cuesta vivir! —chilló, aún. Se volvió luego hacia la mujer del cartero y, en voz confidencial, añadió—: Ya no podemos más. No vale para nada. Está muy mal acostumbrada, con la cabeza llena de pájaros, por culpa de aquella desgraciada. Vamos a mandarla interna a la Escuela de la Mujer.[120] Que aprenda a coser, que aprenda un oficio para defenderse. Allí **la espabilarán**[121] porque es gratuito, y andan derechas como husos.[122]

Lentamente, Pedro se volvió de espaldas, alejándose de aquel lugar. Se internó en el barrio de pescadores y saltó afuera, hasta llegar al cementerio. Apoyó la cara en la verja, sintiendo su frío en la mejilla. Pensaba de nuevo en Paulina.

De pronto, mirando la tierra que escondía a su padre, a tantos hombres, se dijo que daba lo mismo que Paulina muriera o que se fuera del pueblo para siempre. Porque si Paulina regresaba un día de la Escuela de la Mujer, o de la ciudad, sería una mujer. Distinta. Y la niña, ¿dónde andaría? . . . Cerró los ojos. Si Paulina se quedaba en el pueblo, también el tiempo iba a endurecer sus pasos y nadie podría salvar del agua sus bobos **adornos**[123] de niña que tiene la cabeza llena de pájaros. Los pies no podrían soportar más, un día, la opresión de las botas. Los ojos alargados, de color de trigo, no mirarían con la transparencia de ahora. Como si fueran de cristal redondo, vaciado, frío y bello.

Pedro se apartó de allí, de las cruces de hierro y de los hombres que ya no querían decir nada. Nada más

---

[119] **patada**—kick.

[120] Escuela de la Mujer—School for Women; a finishing school.

[121] **la espabilarán**—they will wake her up, they will help her to get her act together.

[122] husos—spindles; pointed rods used for spinning wool by hand.

[123] **adornos**—decorations.

que polvo, tierra y larvas. Para volver a empezar, y volver a empezar.

Aquella noche pasó frente a la casita de Telégrafos. Arriba de todo, en la pequeña ventana de bajo el tejado, colgado de una cuerda, había un cuadrado blanco, como una llamada.

4

Empezaba la primavera, y un domingo que había feria en el pueblo, Pedro volvió a ver a Paulina. Junto a Martina y Felisa, la niña se dirigía a la parroquia de San Pedro. Pedro sintió una alegría pequeña y aguda. "No se ha ido", pensó.

Entró en la iglesia, tras ellas. Ya dentro, como todo era oscuro, deslumbrado, se quedó un tanto confuso. Sin embargo, sintió en la piel la mirada de la niña. Volvió los ojos y en la **penumbra**[124] vio brillar las pupilas absortas. Nunca había visto unas pupilas quietas, como las de Paulina. En la oscuridad, sólo relucían sus ojos, dos pequeñas **esferas**[125] de cristal hueco, **ambarino**.[126] Pedro pensó que le gustaban aquellos ojos, aquella fijeza casi inhumana. Ajena. Como si no pensara, o pensase siempre en cosas muy escondidas y distantes a todo el mundo. Que la dejaban vacía por dentro, lejana. Como a él mismo.

A la salida de la iglesia, Pedro esperó a que ellas le adelantasen. Luego, despacio, se dirigió a Telégrafos. Empujó la puerta, sonó la campanilla, y entró. Martina y Felisa estaban en las habitaciones interiores, quitándose los velos llenos de agujas negras, discutiendo. La niña estaba sentada junto a la centralilla.

Se había quitado el abrigo, y llevaba un vestido de **pana**[127] marrón, algo rozado. Le quedaba el **corpiño**[128]

---

[124] **penumbra**—semi-darkness, half-light, twilight.

[125] **esferas**—spheres.

[126] **ambarino**—amber-like.

[127] **pana**—corduroy.

[128] **corpiño**—bodice.

estrecho y la **cintura**[129] alta, lo que daba a su talle una gracia extraña. Por las mangas cortas, los brazos aparecían blancos y finos, con una tierna transparencia, entre rosa y dorada. Estaba con la cabeza inclinada, y tenía sobre la falda un montoncito de cromos, que examinaba. Pedro contempló el suave descender de las trenzas rojas, que caían hasta más abajo de la cintura. La cabeza quedaba dividida por la raya del peinado, y parecía ésta un caminillo blanco y sonrosado, como tirado con una regla, hasta la frente.

Pedro se aproximó a la niña y **percibió**[130] su aroma. Era un olor limpio, un olor tierno y cálido a piel, algo parecido al de los panes de azúcar recién hechos. Aquellas lejanas golosinas que, siendo aún muy niño, hacía su madre los días de fiesta. Todo esto le conmovió de una forma inexplicable. Era algo así como un deseo de retroceder al tiempo leve y **enajenado**[131] de los primeros años, a su dulce transcurrir, a su ignorancia de cosas.

—Quiero una **postal**[132] con vistas del pueblo —dijo torpemente—. He de escribir . . . en una postal del pueblo.

La niña levantó la cabeza. Él entonces **se azoró**,[133] y empezó a dar explicaciones:

—Es para un amigo. Un amigo que vive lejos de aquí.

Pero se calló ante la muda mirada de la niña. Paulina recogió los cromos de su falda y los colocó a un lado. Luego se levantó con lentitud. Abrió la cortinilla de la ventana-escaparate y descolgó el largo cartón de las postales.

---

[129] **cintura**—waist.

[130] **percibió**—detected.

[131] **enajenado**—alienated, deranged.

[132] **postal**—postcard.

[133] **se azoró**—became flustered, became embarrassed.

Pedro lo cogió **maquinalmente**[134] y se acercó más a la niña, mirándola **a hurtadillas**.[135] Se daba cuenta de que ella era muy alta y espigada, tan alta como él mismo. Así, de cerca, no era tan niña como le pareciera de lejos. Los arcos de sus cejas eran casi perfectos. Al descorrer la cortinilla, la luz bañó de lleno su rostro y la piel cobró, con más intensidad, una tonalidad entre rosa y oro. Pedro vio sus labios finos, un poco levantados en los extremos. Su cuello largo, que cerraba el escote redondo del vestido. Bajo la tela del corpiño apenas se iniciaba una curva leve, más debida quizás al latido de su respiración que a la realidad de su cuerpo. Pedro apartó los ojos, asaltado por un sentimiento incisivo, casi doloroso. De pronto, algo parecido a una furia pueril, absurda, se apoderó de él. Empezó a mirar las postales, que no le importaban en absoluto.

—Paulina —dijo sin mirarla. Y entonces se desesperó por tener apenas catorce años. Hubiera querido ser hombre. Un hombre. Para irse de allí, para no haber entrado nunca en la tiendecilla, o, tal vez, para arrancarla a ella de aquel lugar pequeño y **sórdido**.[136] Llevársela, llevársela a un lugar donde nadie pudiera ver el brillo de sus hermosos cabellos rojos, la transparencia de su carita y de sus manos, su mirada fija y dorada. Ahora, cada movimiento, cada gesto nuevo de la niña era un descubrimiento angustiosamente dulce para él. Verla sentada, o de pie, o de perfil, abría un mundo recién estrenado de sensaciones húmedas, cálidas, absorbentes. Pedro creyó que una mano cruel le sujetaba por sorpresa, traidoramente, clavándole allí para siempre.

Se daba más cuenta que nunca —aunque aquello, en realidad, no pareciese tener una relación directa con la niña— de que era pobre, muy pobre. Estaba allí a su

---

[134] **maquinalmente**—mechanically.

[135] **a hurtadillas**—furtively, stealthily.

[136] **sórdido**—sordid, dirty, unpleasant, depressing.

lado, y sentíase mortificada. Sin que él mismo pudiera **medir**[137] lo que decía, se oyó preguntar:

—¿Quieres subir a la feria conmigo? Hay muchas cosas y todo está muy bonito.

Paulina sonrió débilmente. Pedro vio por primera vez sus dientes blancos, un poco separados. Así, sonriendo, volvía **milagrosamente**[138] a ser más niña, más **sencilla**.[139] Como si de pronto hubiera **espantado**[140] una **legión**[141] de pájaros oscuros, llenos de presagios **turbadores**,[142] la sonrisa de la niña comunicó a su corazón una ilusionada luz.

—No puedo ir —dijo Paulina—. No me dejan. He de estar aquí, en la centralilla, mientras ellas andan por la cocina. Porque es domingo y viene a comer el párroco.

Pero Pedro ya no podía volverse atrás. Se sintió agitado por una impaciencia alegre, punzante. Dijo una cosa que él mismo sabía **descabellada**:[143]

—Pues escápate, que se fastidien:[144] escápate.

Estaba él dispuesto a todo, aunque sabía que no tenía dinero, que no podía invitar a nada a Paulina. Y sin embargo, nada le detenía ya.

—No, no puedo —dijo la niña, con tristeza—. Luego sería peor. Son muy **rabiosas**[145] y no puedo. . . ¡No me gusta que hablen de mi madre! ¡Ellas no saben nada de nada!

Pedro dudó un instante.

—Bueno, pues entonces pide permiso. Puedes decir que es domingo y que hoy no se trabaja. Eso es lo que

---

[137] **medir**—measure.

[138] **milagrosamente**—miraculously.

[139] **sencilla**—simple, humble.

[140] **espantado**—frighten away, scare away.

[141] **legión**—legion; a large number of.

[142] **turbadores**—disturbing.

[143] **descabellada**—crazy, wild, absurd.

[144] **que se fastidien**—too bad for them.

[145] **rabiosas**—furious women.

puedes decir. Y además sólo un ratito… Bueno, mira, si dicen que sí estaré yo esperando al final de los árboles. Anda, atrévete: no es nada malo, ¿sabes?

La niña quedó perpleja. Sus pestañas temblaban un poco. —No es nada malo —repitió, pensativa.

Pedro salió de la tienda. Fue, como había dicho, hasta el final de los árboles, y se sentó al borde del mar, con las piernas colgando. Empezó entonces a roerle una gran preocupación. Buscó en sus bolsillos.

Todo su **sueldo**[146] lo entregaba a su madre y de él ella apartaba una cantidad pequeñísima y se la devolvía, para que pudiera tomar una taza de café en el chiringuito, porque en la oficina no había **calefacción**[147] y salía de allí con el frío metido en los huesos. Pedro sacó de los bolsillos algo más de una peseta: un billetito **arrugado**[148] y un montón de **calderilla**.[149] Contempló las monedas de níquel brillando con un **fulgor**[150] pobre, casi ofensivo, en la palma de la mano. Mentalmente, se le presentó el **cartel**[151] del tiovivo,[152] del tiro al blanco, del futbolín:[153] todo era superior a dos pesetas. Sin embargo, por encima de su preocupación andaba de puntillas una esperanza alegre, audaz. Estaba pensando en esto cuando la vio venir. Llegaba con sus pasos rápidos, sonriendo. Venía hacia él, y parecía que una gran alegría inundaba sus ojos.

—Han dicho: "Sólo una vuelta . . . " —explicó precipitadamente—. Han dicho esto porque estaba el párroco delante. El párroco les ha advertido: "Es domingo, debéis dejarla ir. Hoy es un día de descanso . . . " ¡Ya ves! Pero sólo una vuelta, para ver la feria. Dentro de media hora he de estar ya en casa.

---

[146] **sueldo**—pay, salary.
[147] **calefacción**—heat.
[148] **arrugado**—crumpled.
[149] **calderilla**—small change.
[150] **fulgor**—brightness, splendor.
[151] **cartel**—poster.
[152] tiovivo—merry-go-round.
[153] futbolín—table soccer.

Pedro pensó que aquella mañana el sol era **hermosísimo**.[154] Subieron a la plaza de arriba, donde estaban instalados los puestos de la feria.

Había un gran tiovivo de autos **enanos**.[155] Un puesto de tiro al blanco, un tobogán, máquinas tragaperras,[156] carros de helados, **puestos**[157] de fruta —ya empezaban las fresas, rojas, llenas de perfume—, **caramelos**[158] y **chucherías**.[159] Un gran **altavoz**[160] resonaba en todas partes. En el aire flotaba su música **pegadiza**,[161] no muy hermosa, pero clavando una alegría viva, aguda, en el corazón. Pedro sintió en su mano la tibia dulzura de la de Paulina. La apretó dentro de la suya. Era como una golondrina, palpitante, caliente. El sol les daba de cara, entraba en los ojos, en los labios, acariciante. El sol de aquella mañana era el más amigo que Pedro viera en su vida. Una gran paz le invadía ahora, junto a la niña. Una paz luminosa, totalmente desconocida, y que de pronto se le antojaba como la justificación a sus días tristes y áridos en la oficina. Pensó que para poder ir aquella mañana a la feria valía la pena el trabajo, las horas grises y cansadas. Entonces, como un balazo, le atravesó un deseo: se casaría con ella. Se casarían y la llevaría muy lejos.

—Paulina —dijo—, ¿quieres subir al tobogán?

No era esto lo que deseaba decir, pero . . . ¿qué otra cosa podía hacer? Apenas lo dijo, tuvo miedo. No tenía dinero, no tenía dinero. ¡Oh, qué amarga era la vida! Pasaba el día entero en la oficina del puerto, estaba todo el día privándose de cosas hermosas, buenas, y ahora lo único que deseaba era imposible, porque no tenía dinero.

---

[154] **hermosísimo**—wonderful, splendid.

[155] **enanos**—tiny, miniature.

[156] maquinas tragaperras—slot machines.

[157] **puestos**—stalls, stands.

[158] **caramelos**—candies, sweets.

[159] **chucherías**—titbits.

[160] **altavoz**—loudspeaker.

[161] **pegadiza**—catchy.

Pero Paulina dijo:

—¡No, no! No me gusta. . . Solamente quiero dar la vuelta a la feria, ver las cosas: lo que más me gusta es ver las cosas. Nada más. Lo otro, "ser yo la feria", me da vergüenza y no me gusta.

A Pedro le pareció que un viento frío levantaba su corazón como una bandera. De pronto, todas las cosas de su alrededor se hicieron pequeñas. La música le pareció bonita, y la gente "que hacía la feria", una pobre gente. Dio un suspiro hondo y, sin saber por qué, empezó a reír. La niña le miró y, sin preguntar nada, rió también. Su risa era como una fuente, como la lluvia entre el sol.

Pedro se acercó a un puesto y compró cuatro caramelos. Uno era de fresa y los otros de menta, de limón y de naranja. Estaban envueltos en papel brillante, que tenía la fruta pintada y un letrero explicándolo. Fueron entonces a sentarse en las escaleras de piedra que bajaban al mar.

La niña cogió el caramelo de menta y empezó a quitarle el papel que lo envolvía. Guardó el papel en el bolsillo del abrigo, porque era muy bonito, y hacía colección. El caramelo era un **ladrillito**[162] de color verde, transparente, donde el sol entraba como un pequeño grito, agudo, vivo. Parecía un casco de botella, muy bien cortado. Paulina lo cogió suavemente con los dos dedos y se lo ofreció. Pedro acercó los labios, lo cogió entre los dientes, sin decir nada. Había una rara solemnidad en todo aquello. Se le llenó el paladar con el aroma de la menta, le inundó su frescura, mirando a Paulina. Una alegría cortante atravesaba su pecho. Desde el mar se había levantado brisa, y los rizos rojos de la niña temblaban, sacudidos por ella. Pedro pensó que aquel fresco aroma de menta iría unido para siempre al recuerdo de Paulina.

Entonces la niña se volvió y dijo:

---

[162] **ladrillito**—little brick.

—Mi madre era bailarina. . . ¡Si supieras qué guapa era, y qué bonito era mirarla! Cuando yo sea mayor y ya no me dé vergüenza, bailaré también. Es muy bonito ir así, bailando, con música, a todas partes. . . Es muy bonito. Cuando oigo música, parece que se me escapen los pies. Tengo guardados unos zapatos. Eran de ella. . . Son los primeros que tuvo. Los guardo para ponérmelos cuando sea mayor, porque dan suerte. Tienen un **tacón**[163] muy alto y unas cintas larguísimas que se cruzan en el tobillo. Pero tengo miedo de que mis pies crezcan y no pueda ponérmelos. Ella tenía unos pies pequeños.

De pronto, toda la alegría de Pedro **se desplomó.**[164] Bruscamente, le llegó la imagen de su madre, su pobreza, su trabajo. Era un contraste tan grande, que el corazón de Pedro parecía alcanzado por una piedra. Muchas cosas sin nombre, sin cuerpo, pero vivas y ardientes, **se derrumbaban**[165] a su lado. Tuvo frío, y se estremeció. Y, como por primera vez, se fijó en sus zapatos rotos, en su chaqueta **zurcida,**[166] en las rodilleras del pantalón. Recordó las manos de su madre, remendando su ropa hasta lo imposible.

Paulina dijo, en aquel momento:

—¡Tengo que volver a casa, Dios mío! Ya ha pasado más de media hora.

Se levantaron.

—No, no vengas conmigo —dijo la niña—. **Se enfadarían**[167] si lo supieran.

Echó a correr escaleras abajo, en dirección al Paseo del Mar. Pedro se quedó quieto, contemplando las trenzas que saltaban sobre su espalda, sus largas y finas piernas. Paulina desapareció.

---

[163] **tacón**—heel.

[164] **se desplomó**—collapsed, fell apart.

[165] **se derrumbaban**—shattered, went to pieces.

[166] **zurcida**—mended.

[167] **Se enfadarían**—they would get angry.

Maquinalmente, Pedro se repitió: "Se enfadarían si lo supieran". No lo entendía: "¿Por qué?", pensó. No; no lo entendía. Aún mantenía apretado entre los dientes el caramelo de menta.

Desde aquel día, Pedro acudió con cierta frecuencia a la tiendecita de Telégrafos. Compraba postales. Una vez ahorró más dinero de sus cafés y fue a poner una conferencia imaginaria a aquel amigo imaginario. El dinero gastado en postales y en la conferencia después le dolía, le escocía[168] como un remordimiento, porque le parecía que se lo quitaba a su madre. Pero allí dentro los ojos dorados de Paulina le acariciaban,[169] le miraban.

Había llegado el verano, hacía calor, y Paulina llevaba un vestido claro, con florecitas, y sandalias blancas. Un día, Pedro vio sus manos que estaban llenas de un polvo dorado, también sus piernas y, fijándose más, hasta sus labios. Tenía la piel enrojecida.

—Paulina —dijo él, con una alegría pueril—. ¡Has ido a la playa! Has ido a la playa, ¿verdad?

—Calla, calla —dijo la niña—. No me dejan, ¿sabes?

Los ojos de Paulina estaban llenos de alas oscuras.

Había como un aleteo sombrío dentro de sus pupilas. Pedro recordó que Martina había dicho: "Tiene la cabeza llena de pájaros". Aquellos pájaros se asomaban a los ojos de Paulina. Él vio su vuelo inquieto, prisionero. Pedro sonrió con una piedad dulce, un tanto dolorida.

Los días que no tenía dinero, y nada podía entrar a comprar, Pedro se acercaba a la ventana-escaparate, como a mirar las chucherías. Del otro lado del cristal la mano de la niña corría la cortina, y él veía sus ojos risueños,[170] transparentes, en muda inteligencia. Se quedaban mirando así, en silencio, hasta que ella dejaba de nuevo caer la cortina. Entonces él se alejaba.

---

[168] **le escocía**—stung him.

[169] **le acariciaban**—caressed him.

[170] **risueños**—bright and happy, cheerful.

Todo en ellos transcurría apretado de silencios. De un secreto que, en realidad, Pedro no sabía a qué obedecía. Pero era agradable. No hubiera él podido soportar que alguien hablase de aquello. De ella. De los dos.

Apenas volvió a hablar con Paulina. Su sonrisa callada, no obstante, le perseguía dulce e inquietante. "¡Pobre! —pensaba—. Tiene guardados los zapatos de su madre. Dice que tienen cintas largas para cruzar en el tobillo. Pero tiene miedo de que crezcan sus pies y no poder ponérselos."

Un gran deseo de llevarse a Paulina, de llevarla lejos, **le aguijoneaba**.[171] Pero este deseo a menudo era enturbiado por la vista de su madre. A mediodía, por las noches, llegaba a su casa y la veía encorvándose extrañamente, triste, envejeciendo de un modo rápido y monstruoso. Su madre respiraba mal, tenía los labios amoratados y el color de la piel oscurecido, **terroso**.[172] Un dolor ancho y cruel le llenaba, mirándola. Algo le decía que Paulina era totalmente incompatible con aquella vida suya, inflexiblemente marcada, a la que ya no podía escapar.

Pasó el verano y llegó el otoño, húmedo, enrojecido. Una tarde, Pedro entró en Telégrafos y no vio a Paulina. Volvió al día siguiente, y de nuevo **le despachó**[173] la vieja Felisa.

—Su sobrina. . . ¿vuelve a estar enferma? —preguntó, fingiendo indiferencia.

Felisa le miró duramente, recogiendo las monedas que le entregaba, con los dedos curvos, de uñas sucias.

—No está —dijo—. Al fin hemos conseguido meterla en la Escuela de la Mujer. Salió ayer mañana, gracias a Dios. Estará fuera por lo menos dos años, aprendiendo un oficio, como Dios manda, a saber **ganarse la vida**,[174] que buena **falta**[175] le estaba haciendo.

---

[171] **le aguijoneaba**—gnawed at him, pricked him.

[172] **terroso**—earthy.

[173] **le despachó**—waited on him.

[174] ganarse la vida—how to make a living.

[175] **falta**—need.

A Pedro le pareció que la tienda se llenaba de sombras. Fríamente, como si no fuera él mismo quien miraba, sus ojos recorrieron las postales, las cajas de conchas, el calendario de la pared. Sobre la silla, el gato gordo le miraba con sus ojos verdes y malignos. Algo muy íntimo, muy hondo, se le quebró a Pedro en la sangre misma. Recogió aquella postal para aquel amigo imaginario y volvió a su casa. Más consciente que nunca, mirando aquel cartón, de que no tenía ningún amigo, de que estaba solo.

Una desesperación lenta, cruel, iba enfriándole poco a poco. "Dios", pensó. "Dios", volvió a decir. Si Paulina volvía, ¿cómo sería?, ¿qué sería de ella? Con dolor solitario, ácido, recordaba las pequeñas manos desamparadas de Paulina, los ojos de color de trigo, las rojas trenzas. La Escuela de la Mujer era una institución **benéfica**,[176] gratuita, para huérfanas de **marineros**,[177] y en ella se vivía con gran **austeridad**.[178] Pedro imaginó lo que allí se pensaría de unos zapatos con alto tacón y largas cintas. Allí se aprendía a trabajar, para poder vivir. Y eso, tenía que reconocerlo, era una gran verdad, una terrible verdad que no podía echar en olvido. Pedro suspiró. Él sólo era un pobre muchacho. Entonces **se dio cuenta**[179] de que era a él mismo, a su propia ilusión a la que deseaba salvar. Era a su propio corazón que debía liberar, que quería rescatar en la frágil figura de Paulina.

Aquella noche no pudo dormir. **Rendido**,[180] vio amanecer, palidecer el cielo, por el cuadrado torcido de su ventana. Frío, cansado, comprendió que se le hacía tarde y se levantó. Contempló en su cajón las postales en blanco, amontonadas, como una burla cruel.

---

[176] **benéfica**—charitable.

[177] **marineros**—sailors.

[178] **austeridad**—austerity; great simplicity, having very few comforts and luxuries.

[179] **se dio cuenta**—realized, became aware.

[180] **Rendido**—exhausted.

Abajo, la madre estaba ya vestida, a punto de encaminarse hacia la **fábrica**.[181] La miró, con ojos fatigados. Tenía profundas ojeras,[182] que aún, los hundían más. Pedro hubiera deseado acercarse a ella, apretar la cabeza contra su pecho, fuertemente. Pero no se atrevió.

La madre dijo:

—**Date prisa**.[183] Hoy se te ha hecho tarde. Ten cuidado: no sería cosa de perder el empleo. Ya sabes cuánto nos hace falta.

No añadió: "Estoy enferma; tal vez yo faltaré pronto a mi trabajo". Pero el muchacho creyó leerlo en sus ojos, con un estremecimiento.

Pedro bebió su taza, de pie. Se puso la chaqueta y salió afuera. Al fondo de la calle, el mar estaba quieto, gris, indiferente.

5

Durante dos años la vida de Pedro apenas cambió. Los días se sucedían, monótonos, a veces ásperos. En la oficina del puerto ocupó un puesto más elevado y le **aumentaron**[184] el sueldo.

Su madre había **empeorado**[185] rápidamente. Apenas podía ya trabajar, y sufrió dos **ataques al corazón**[186] que la tuvieron inmóvil mucho tiempo. Pedro había **asistido**[187] a ellos, pálido, sin esperanza alguna. Cuando volvía de la oficina se sentaba junto a ella, mirándola. La madre llegó finalmente a tan grave estado que apenas podía moverse, y aun los solos trabajos de la casa la fatigaban de tal manera que Pedro sentía un gran dolor al verla. Siempre que su trabajo se lo permitía, el muchacho

---

[181] **fábrica**—factory.
[182] ojeras—dark circles under her eyes.
[183] **Date prisa**—hurry up.
[184] **aumentaron**—they increased, they raised.
[185] **empeorado**—worsen.
[186] **ataques al corazón**—heart attacks.
[187] **asistido**—been present.

pasaba el tiempo junto a ella, con una mirada temerosa, vigilante. Se sentía como **anulado**[188] ante aquella vida que se perdía, que se alejaba **irremisiblemente**[189] de su lado.

A veces, de improviso, el afilado grito del tren parecía rasgarle algo íntimo de su propio silencio. Por un instante sentía el deseo de huir, de marcharse a algún lugar donde nada le atara ni le **esclavizase**.[190] Pero eran unos momentos fugaces, y luego se sentía más ligado que nunca a aquel trozo de tierra y a aquellos seres.

Una tarde, al volver a su casa, le sorprendió un silencio grande, espeso. Subió la escalera con un gran temor, y halló a su madre en el suelo, sin conocimiento. Como pudo, la incorporó entre sus brazos, llamándola en voz baja, como asustándose de sí mismo. La madre tenía la piel **arcillosa**,[191] y sus labios estaban secos, azulados. Trabajosamente la llevó hasta el lecho, y salió corriendo en busca del médico.

Vivió apenas una hora. Al anochecer ya estaba muerta. Esta vez, la muerte produjo en Pedro sensaciones muy diferentes a la anterior. Ahora ya no era un niño. Iba a cumplir diecisiete años, y su corazón estaba marchito, un poco vacío. Toda su soledad pareció **ceñirle**[192] estrechamente.

De regreso del cementerio, Pedro pidió que le dejaran solo. Se encerró en la casa. Subió a su cuarto y, apoyándose contra la pared, ocultó su cara entre los brazos. Por la ventana abierta cruzaban, las golondrinas, dando breves chillidos. Era el principio de abril.

Con la cara apretada entre los brazos, Pedro sintió una vez más cuán sórdida y falta de esperanza era su vida. Atado a aquella mesa de trabajo, a un trabajo que

---

[188] **anulado**—anulled, discarded.
[189] **irremisiblemente**—unforgivably, unpardonably.
[190] **esclavizase**—enslave him.
[191] **arcillosa**—clay-like.
[192] **ceñirle**—surround him, enclose him.

no le satisfacía ni le proporcionaba el menor orgullo, solamente podía aspirar a no morir de hambre ni de frío. Ahora no tenía tampoco a nadie junto a él. Llegaría de su trabajo, iría a él, únicamente por salvar la propia existencia, la propia estúpida vida. No valía la pena. No valía. Levantó la cabeza y miró la pequeña habitación. Contempló las paredes encaladas, la ventana. Despacio, salió de allí y empezó a recorrer la casa, con una extraña enajenación. Vio la cama de hierro negro donde él había nacido, donde había visto dormir a sus padres y donde los había visto muertos, por última vez. Lentamente, Pedro bajó la escalera, y cada crujido despertaba un eco de infancia. En la pared, con otras fotografías, con un calendario y unas rosas de papel, estaba el retrato de boda de sus padres. Contempló las conchas pegadas a los muros, y en los ángulos, sobre pequeñas **repisas**,[193] las **caracolas**[194] de salmar,[195] que tanto le gustaban de niño. Los anchos **mosaicos**[196] rojos del suelo, los objetos de hierro y de cobre, las sillas y la mesa de madera. Pedro se sentó en el banco de la cocina, junto al hogar. Vio aquella pequeña silla donde él se sentaba, siendo muy niño. Ahora estaba vacía, contra la pared. Como arrinconada.

Todos los vecinos y los que no lo eran, algunos con quienes tal vez apenas había cambiado una palabra en su vida, se habían mostrado conmovidos ante la muerte de su madre. Muchos habían ido al entierro; y todos le habían llenado de palabras. Palabras huecas e incomprensibles para él, que nada decían a su corazón. Habían querido acompañarle, darle pruebas de amistad. Pero él había pedido que le dejaran solo. Se había **desligado**[197] de todos. Su propia timidez le hacía aparecer insociable,

---

[193] **repisas**—shelves.

[194] **caracolas**—shells.

[195] salmar—salty sea.

[196] **mosaicos**—tiles.

[197] **desligado**—detached.

rudo, arisco. Por ello estaba allí ahora, sentado, con la cabeza entre las manos, escuchando su propio corazón, su soledad, su silencio. Había enterrado a su madre. Había dejado a su madre dentro del polvo, de las pequeñas raíces, que tejerían entre su carne nuevas vidas húmedas, frescas, mortales. Había enterrado a su madre. Aquellas palabras tenían una voz interna, metálica, como resonando en una gran **bóveda**.[198]

Alguien llamó a la puerta en aquel momento. Como él nada dijera, ésta se abrió y entró un hombre. Pedro levantó la cabeza y vio acercarse al párroco de San Pedro. Era todavía joven, el mismo a quien oyera hablar por vez primera de Jesucristo y de la muerte. Se sentó a su lado, y le habló con voz afectuosa:

—Pedro —dijo—. Tú eres un buen muchacho. Pocos he conocido que fueran tan honrados como tú.

Empezó entonces a hablarle del futuro. Dijo que era malo quedarse solo.

—La soledad no es buena para una criatura tan joven —le explicó. Y todo aquello le estaba pareciendo a Pedro de una gran ironía.

—Déjeme —le dijo—. Vaya, donde vaya, siempre estaré solo,

—No digas eso —repuso el sacerdote—; Dios está siempre a tu lado.

Le habló de cuando a su vez, como hicieron sus padres, se casara y formara una familia. De sus hijos, que crecerían y también tendrían hijos. Pedro le oía con una amargura atroz, y aún más le hundían aquellas palabras, en lugar de iluminar su camino. Todo cuanto le decía le parecía bárbaro, injusto y cruel. Estaba cansado. Necesitaba liberarse, y una inquietud formada por grandes desalientos, deseos agudos, decepciones, **frenadas**[199] esperanzas, le martirizaba. Algo estaba

---

[198] **bóveda**—vault, dome.
[199] **frenadas**—suppressed, held back.

diciéndole su corazón, como un constante latido bajo tierra, y él no lo entendía.

El párroco le habló entonces de intentar procurarle una **beca**.[200] Sus palabras pretendían acercarse al muchacho, llevarle a un camino de paz. Pero Pedro no podía comprenderle. Había demasiadas cosas dentro de él, para que pudiera escuchar a nadie más que sus voces internas.

—¡Por Dios, déjeme! —dijo. Y en su voz había una gran angustia—. No quiero moverme de esta casa; no quiero moverme de aquí. Yo trabajo. Puedo defenderme.

—Pero casi eres un niño —repuso entonces el párroco—. No tienes ningún pariente y he decidido tomarte bajo mi **tutela**.[201] Ven a vivir a mi casa. No tienes por qué dejar tu trabajo. No creas que deseo cortar tu independencia, porque sé que eres bueno. Solamente quiero ser como un padre, como un hermano para ti.

—¡Déjeme en esta casa! —suplicó Pedro. Y había tal desesperación en su voz, que el hombre le miró con una gran piedad. Vio su mirada negra, ahogándose en un dolor escondido, profundo, y comprendió que de momento era preferible dejarle solo.

—Bien —dijo—. Yo creo en ti. Piensa: te tengo una gran fe. Piensa bien durante unos días y Dios te ayudará.

Salió de la casa silenciosamente, como entrara.

Los días siguientes volvieron poco a poco a su normalidad. A su gris rutina. Incluso la piedad que había despertado fue **diluyéndose**,[202] y su figura solitaria cobró ya parte del paisaje inalterable del pueblo. Pedro trabajaba en la oficina, iba a comer a la taberna del Quico y dormía en su casa. Le arreglaba la ropa y le hacía la cama una vecina, por una pequeña cantidad **convenida**.[203] De este modo transcurrió un tiempo.

---

[200] **beca**—scholarship.

[201] **tutela**—guardianship.

[202] **diluyéndose**—dissolving.

[203] **convenida**—agreed on.

Alguna vez, el párroco le llamaba y hablaba con él. Pero nada cambiaba sus pensamientos. En plena adolescencia, su vida era seca, sin fe. No incurría en las diversiones de los otros muchachos. Su timidez le hacía aún más arisco. Tampoco era fuerte, no le gustaba beber, no sabía bailar, y el cine no le divertía en absoluto, por parecerle falso y sin sentido. Prefería pasear por la playa y el muelle, hablar de cuando en cuando con viejos amigos de su padre.

En la oficina ocupaba ahora la mesa grande. Pero su carácter cerrado y poco comunicativo le vedaba cualquier amistad. Algo parecido le ocurría con las muchachas. No puede decirse que, en cierto modo, no se sintiera fuertemente atraído por alguna de ellas. Pero, al mismo tiempo, parecíanle seres de otro mundo, algo totalmente incomprensible y ajeno. Mezclábase entonces en él un raro sentimiento de atracción y repulsión hacia ellas. Su lenguaje le era **ininteligible**,[204] no sabía a ciencia cierta si realmente pensaban y sentían, o eran simples cuerpos que se movían y enredaban palabras. Esto le desazonaba, le agriaba. Si alguna vez se acercó a alguna de ellas, no tardaba en replegarse, en retroceder, con un gran deseo de abandonarla. Apenas cambiadas unas palabras se sabía totalmente lejos, distante y como si se contemplara a sí mismo representando un papel.[205] Si, a pesar de ello, continuaba, luego le quedaba la boca amarga y una sensación de vacío, al tiempo que como un deseo insatisfecho.

El recuerdo de la pequeña Paulina era para él ya algo lejano, como un sueño que jamás hubiera sucedido.

Pero un mediodía, al dirigirse a la taberna del Quico, subía lentamente la calle, bajo el sol, cuando se quedó paralizado. Una figura se acercaba, de frente. Era una muchacha aproximadamente de su edad, alta, con un

---

[204] **ininteligible**—unintelligible; difficult to decipher.
[205] representando un papel—playing a part.

vestido de color de menta. Avanzaba hacia él, y le miraba. Encontráronse sus ojos, y Pedro creyó que un sueño polvoriento resucitaba, que una pequeña mano levantaba la cortina, y unas pupilas doradas y translúcidas se fijaban en las suyas, con pueril complicidad. La muchacha llegó a él mismo y, milagrosamente, se detuvo. Sin saber cómo, estaban frente a frente, mirándose, quietos y sin decir nada. Y todo aquello era de una gran sencillez, tan natural como el sol, como la tierra que los **sostenía**[206] así, cerca uno del otro con los ojos **prendidos**.[207]

—Has vuelto —le dijo, al fin.

Ella continuaba callada.

—Has vuelto —repitió él—. ¡Cuánto tiempo!

Ella asintió.

—Y tú —dijo—. ¡Cuánto has cambiado! Casi no te hubiera conocido.

Su voz era aún la misma. Una súbita alegría hirió el corazón de Pedro. Su voz, al menos, era la misma. Ahora, el cabello se rizaba libremente, suelto, acariciando las pequeñas orejas, su frente alta y **tersa**.[208] El cuello de la muchacha se alzaba con una blancura vibrante, plena. Pedro adivinó su sangre, dulce, cálida. Algo muy nuevo, y a un tiempo **angustiosamente**[209] antiguo, despertaba en su vida. El sol del mediodía los envolvía, arrancaba una densa luz del cabello y la piel de la muchacha. Sus dientes brillaban y los labios tenían una humedad cercana.

—Paulina —dijo él, como la primera vez.

Pero ella ya se despedía, arrancada a aquel ensueño breve:

—Adiós, adiós. . . No puedo entretenerme; tengo prisa. ¡Como siempre!, ¿sabes?

Se alejó. Pedro ni siquiera se volvió a mirarla.

---

[206] **sostenía**—supported, maintained.

[207] **prendidos**—alight, glowing.

[208] **tersa**—smooth.

[209] **angustiosamente**—anxiously, distressfully.

Desde aquel instante ya no pudo vivir. Entró en la taberna del Quico con ojos ausentes, comió sin saber lo que comía.

A la tarde, cuando salió de la oficina, sólo un pensamiento le llenaba, un solo deseo que le exasperaba hasta la locura. Todo se borraba frente a sus ojos, todo lo que no fuera su imagen: su alta frente, sus ojos, su cuerpo blanco. Se encaminó hacia el Paseo del Mar. Vio la puerta azul y el **letrero**[210] de Telégrafos. Se quedó quieto. De improviso, sonó la campanilla de la puerta. Paulina había aparecido. La vio venir hacia él, directa, como guiada por sus ojos. Había algo **irremediable**,[211] vencido, en todo lo que sucedía. Le pareció que actuaban como guiados por algo o alguien, que obedecían a un mandato antiguo y extraordinario. Pedro avanzó a su vez hacia ella. La cogió fuertemente por el brazo y la condujo más allá de los árboles.

La tarde estaba llena de luz. Una luz mansa, ensoñada, de un rosa anaranjado sobre el agua y la tierra. Iban los dos uno muy cerca del otro, callados, con el corazón apretado, como si temieran romperlo. No podían empezar a hablar; algo los **sobrecogía**.[212]

Avanzaron por el muelle, hasta el embarcadero. Lejos, del otro lado, surgía la torre dorada del reloj. Había en aquel lugar, a aquella hora, una soledad abrasante y honda. Las barcas, quietas, tenían algo de extraña ciudad abandonada o dormida sobre la arena.

Las gaviotas tenían el vuelo bajo, y sus gritos parecían lejanos. La superficie del agua **se rizaba**,[213] y se les introdujo en los oídos la profunda respiración del mar, llena de resonancias, como una enorme caracola. Entonces Pedro sintió un **aluvión**[214] de preguntas.

---

[210] **letrero**—sign.

[211] **irremediable**—hopeless.

[212] **sobrecogía**—seized.

[213] **se rizaba**—ruffled.

[214] **aluvión**—flood, torrent.

Comprendió que quería llenarla de preguntas, estrecharla, cercarla con sus preguntas. Las sandalias de Paulina se hundían en la arena. La muchacha se apoyó contra una barca, como extrañamente vencida por algo. Casi podía verse, a través de la ropa de su vestido, el latir acelerado de su corazón. Tenía inclinada la frente, y Pedro veía el suave temblor de sus pestañas, como alas de sombra. Pedro acercó la mano a los cabellos rizados que parecían despedir luz propia, una roja y ardiente luz. Sobre uno de los párpados tenía un lunar.

Todas las preguntas de Pedro se quebraron **agazapadas**[215] en su garganta, y únicamente dijo:

—Dime. . . Aquellos zapatos de tu madre, aquellos con largas cintas, ¿aún los guardas?

Paulina levantó la cabeza. Casi tenían la misma estatura y sus ojos quedaban cerca, como fundiéndose.

—Sí —dijo—. Todavía.

Y, milagrosamente, a él le pareció que nada más hacía falta preguntar. Que ya todas las preguntas tenían una respuesta.

Cogió sus hombros, y su calor le comunicaba vida. Con una angustia dulce, con una agonía maravillosa y desconocida, acercó su rostro, tanto, que notaba sobre la propia piel el latido de la de Paulina. Se encontró pegado a ella por una fuerza casi ajena. Dentro de los suyos, los labios de Paulina se encendían. Como a golpes, un amor violento, abrasado, **se abrió paso**[216] en él, casi brutal-mente. Sintió cómo lo llenaba todo, cómo toda su alma y su cuerpo se llenaba de la **savia**[217] de aquel amor. Una angustia infinita le oprimía, y, sin embargo, jamás había sentido una felicidad semejante.

Paulina se apartó con suavidad. A Pedro le pareció hundirse en aquellas pupilas como en un lago, turbio y luminoso a un tiempo. Un lago transparente, pero cuyo

---

[215] **agazapadas**—suppressed, unable to come out.
[216] **se abrió paso**—made way.
[217] **savia**—sap; vitality.

fondo se adivinaba lejos, **insospechadamente**[218] distante y oscuro. Paulina sonreía de nuevo. En las comisuras de los labios habían aparecido unas leves marcas rojizas. De nuevo besó su boca, respiró su tibio aroma, mezclado al aire caliente de la tarde. Un viento bajo levantó arena a su alrededor, y la oyeron caer sobre la barca como lluvia seca, sedienta.

Paulina cerró los ojos. Luego se apartó nerviosamente de él. Su mirada estaba ahora inquieta, oscurecida.

—Adiós. . . —dijo—. He de volver a casa. . . ¡No puedo estar aquí!

—¡No te vayas! —dijo Pedro—. ¡No puedes irte! Si ahora me dejas, me volveré loco. No puedes, no puedes separarte de mí.

Pero de pronto Paulina tenía miedo.

—Es por ellas —explicó—. Tengo miedo de ellas. No me dejan, no saben que estoy aquí contigo. . . ¡Sería horrible si lo supieran! Ahora tengo que trabajar todo el día. Ahora que he aprendido un oficio he de trabajar para no serles una carga y devolverles todo lo que me han dado. Lo han dicho. Y no puedo salir sin su permiso. **Me vigilan**[219] porque no quieren que me parezca. . . ¡Te juro que si no fuera por ellas, yo no me iría ahora! ¡Yo estaría siempre aquí, contigo!

En el corazón de Pedro se abrió entonces una gran desesperanza. La cogió fuertemente del brazo. Sabía que ya no tenía remedio aquella felicidad.

—Vuelve —le dijo—. Vuelve mañana, a esta hora. . .

Ella asintió. Como siempre, se separó de él y volvió sola.

Apoyado en la barca, Pedro miraba el mar, la tierra que lejanamente se hacía borrosa sobre el agua, el afilado **morro**[220] del cabo. Del reloj del puerto empezaron a caer campanadas.

---

[218] **insospechadamente**—unexpectedly.

[219] **Me vigilan**—they watch over me.

[220] **morro**—knoll, hill.

Volvió a su casa, sin pasar por la taberna del Quico. Iba andando como si no pensara, como si ardiera el suelo. En su corazón empezaban y acababan mundos.

Cerró la puerta y se sentó junto al hogar, que ahora estaba siempre vacío y apagado. Por la ventana entraba ya la claridad de una noche recién abierta.

Empezó entonces a darse cuenta de lo que le ocurría. Se daba cuenta de que había estallado en su alma algo, con una violencia atroz, devoradora e implacable. Nada podría ahogarlo ya. Y se dijo que, fuera como fuera, él debía salvarlo. Pensó en los años que aún habían de transcurrir, en el tiempo que, tal como la gente pensaba, debería dejar ir quemándose, consumiéndose. Vacío, desesperado, robando solamente unos minutos al día para su verdadera vida. "Mañana", se dijo. Y al otro. Y al otro. ¿Cómo iban a dejarse morir poco a poco, así, uno junto al otro, escondiéndose como ladrones? Le pareció que eran **presos**[221] de una monstruosa injusticia. Que no podía ser así la vida. Y, sobre todo, tuvo miedo del tiempo. El tiempo que agostaba las cosas, que traía la muerte, el polvo seco del olvido, las **cicatrices**,[222] las luces apagadas, las habitaciones vacías. . . No, no. Su corazón le decía que tenían que salvarse del tiempo, rescatarse al tiempo, a la vida, al polvo. No podían estar esperando, su impaciencia abría heridas. No podían estar siempre esperando a "mañana".

Se irían de allí, la llevaría con él. Y de pronto le pareció que era fuerte, que nadie podría obstaculizar su camino, el camino por él trazado ya de un modo irremisible. "Nos vamos a casar", se dijo.

Estaba **poseído**[223] por un fuego loco. Salió de su casa. Iba como en trance, alucinado. Bajó hasta el Paseo del Mar. Con la noche, los troncos de los árboles se recortaban negros, sombríamente altos. En cambio, la lejanía del

---

[221] **presos**—prisoners.

[222] **cicatrices**—scars.

[223] **poseído**—possessed.

mar se nimbaba de plata. Había niebla, y junto al cartel de Telégrafos la pequeña bombilla parecía un gusanito de luz.

Pedro no tuvo ni un solo movimiento de retroceso, de vacilación. Empujó la puerta de cristales. Sonó la campanilla sobre su cabeza y la oyó como una voz extraña, de otro mundo.

La vieja Felisa estaba allí, sentada. Levantando la cabeza, le miró. Y algo vio en los ojos fijos del muchacho, obsesionados, que la sobresaltó.

—¿Qué te pasa, chico?

Pedro se acercó a ella. Se oyó la voz. Era como si viese la voz delante de sí mismo, que decía:

—Tengo que hablarles. Diga a su hermana que venga: he de decirles algo.

Felisa le observó recelosa.

—Pero ¿qué demonios te pasa, chico? —casi le chilló, con miedo.

Al oírla, Martina apareció en la puerta de la habitación.

—¿Qué ocurre? —indagó. Tras ella, en la habitación encendida, Pedro creyó adivinar como una expectación contenida, ansiosa. El muchacho se les acercó más.

—Vengo a decirles que quiero casarme con Paulina. Voy a casarme con ella pronto, en seguida.

De momento, las dos se quedaron quietas, con la boca un poco abierta. La puerta que daba a la habitación encendida, oculta, parecía guardar una respiración desatada. Como en una película muy lenta, Pedro fue contemplando los rostros de las viejas, centímetro a centímetro. Luego, bruscamente, Martina señaló la puerta. Y, ¡ay!, parecía que sólo existía su dedo áspero y **nudoso**,[224] rígido:

—¡Largo de aquí, imbécil![225] ¡Largo de aquí con tus bromas!

---

[224] **nudoso**—knotty.

[225] ¡Largo de aquí, imbécil!—Get out of here, idiot!

Entonces fue un dúo de voces **destempladas**[226] y ofendidas:

—¿**Se habrá chiflado**[227] el mocoso,[228] o se creerá que lo estamos nosotras? ¡No se te ocurra volver por aquí!

Pedro se supo violentamente empujado. Sobre él, la pequeña esquila había vuelto a reírse, fría, perdida. La puerta se cerró con brusquedad y retemblaron todos los cristales tras su espalda.

Al principio, Pedro sintió frío. Luego, un sudor lento. Poco a poco, la humillación y la vergüenza **se apoderaron**[229] de él.

Pero de nuevo recordó los labios de Paulina, su abrazo, el calor de su cuerpo contra el suyo y su voz. Aquella voz le arrancaba del alma una felicidad casi dolorosa. En medio de su fiebre le llegaba como una fresca caricia el recuerdo de su amor. "¿Cómo se puede ser tan feliz? —se decía—. ¿Cómo se puede llegar a sentir tanta felicidad?"

Junto a Paulina, todas las cosas eran nuevas, estaban llenas de sangre, de fe. De fe, sobre todo. Así lo comprendió. Por vez primera, algo le arrancaba de la sórdida tristeza, de la desesperanza. Comprendió de pronto el porqué de las cosas, el porqué de los hombres. Como un milagro se abrió ante él un mundo apretado de esperanzas. Y entonces entendió aquellas conversaciones de sus padres, en las veladas. Hablando de la casa, del hijo, del dinero.

La niebla baja envolvía la noche. Los árboles del Paseo del Mar, en la oscuridad, tenían un algo cerrado, **hermético**.[230] Le pareció que estaba prisionero dentro de una gran jaula, de la que no podía escapar. Algo gritaba desesperadamente, dentro de su corazón.

---

[226] **destempladas**—discordant.

[227] **Se habrá chiflado**—Has he gone crazy.

[228] **mocoso**—snot-nosed (kid).

[229] **se apoderaron**—took possession of, took hold of.

[230] **hermético**—hermetic, impenetrable.

Empezó a alejarse, como un sonámbulo, cuando oyó a su espalda unos pasos rápidos, persiguiéndole. Se volvió, y quedó paralizado al ver a Paulina. Venía corriendo, agitada. Cuando estuvo a su lado le cogió fuertemente de la mano.

—Pedro —dijo. Su respiración era **entrecortada**[231]—. Te he oído. . . He estado oyéndolo todo desde dentro.

¡Y ahora, cuando se creían que subía a acostarme, he salido por la puertecilla de atrás, sin que se dieran cuenta! . . .

Pedro continuaba inmóvil. Casi no sabía si tenía corazón dentro del pecho. Paulina se estrechó contra él y le rodeó con sus brazos. Sintió de nuevo sus besos, hondos y desesperados. Permanecía con los ojos abiertos. De cerca, eran sus pupilas una luz **diáfana**,[232] terrible. Pedro creía ver dentro su propia angustia, toda la incomprensión y la espantosa **sensatez**[233] que los rodeaba. La abrazó con toda su fuerza. Luego se quedaron quietos, la frente del uno apoyada en la frente del otro. Una fiebre exaltada los mantenía así, unidos, silenciosos.

—Paulina —dijo él al fin—. No podemos esperar.

—No podemos —repitió ella—. Pedro, llévame contigo, lejos de aquí, donde no pueda encontrarnos nadie. Vámonos. ¡Quiero irme contigo, estar siempre contigo! ¡Ahora ya no me puedo separar de ti!

Paulina le abrazaba cada vez con más fuerza. Empezaban a caerle unas lágrimas calientes, que él sentía en su propio cuello abrasándole. Las palabras de Paulina salían atropelladas, como si durante años las tuviera guardadas. Pedro pensó que huían aquellas bandadas de pájaros oscuros que parecían prisioneros dentro de sus ojos.

—No puedo, no puedo vivir aquí: estoy como si me ataran las manos y los pies, como si no fuera yo. He de

---

[231] **entrecortada**—broken.

[232] **diáfana**—diaphanous, transparent.

[233] **sensatez**—good sense, good judgement.

estar todo el día al lado de ellas, trabajar para ellas, oír lo que ellas dicen de mí. ¡Vámonos! ¡Vámonos! Yo sólo quiero estar contigo.

Entonces Pedro tuvo una **lucidez**[234] extraña. Como si todo lo que fuera a hacer desde aquel momento se le apareciese alumbrado por una luz **espectral**.[235]

—Escúchame, Paulina —dijo—. Vete ahora. Que no noten nada. ¡Pero vuelve! A las cinco de la mañana el tren para en San Francisco. Andando tú y yo por la vía llegaremos a San Francisco en media hora. A las cuatro y media te estaré esperando detrás de la iglesia, en el camino. . . ¡No tardes! Te esperaré. Nos iremos y nos casaremos lejos de aquí. Siempre estaremos juntos. Siempre, te lo juro.

Se desprendieron de su abrazo y Paulina volvió a la casa.

Pedro salió de entre los árboles acercándose al mar. Se sentía irreal, distinto. Casi no se reconocía. "Es como si me hubiera muerto y no me diese cuenta", pensó. Ahora, ya nada le podría volver atrás. Nada ni nadie hubieran podido hacerle **retroceder**.[236] Se encaminó hacia su calle, **precipitadamente**.[237] Se notaba la humedad de la niebla, densa, baja.

Cuando llegó a la casa hizo un paquete con su ropa, contó el dinero y lo guardó en el bolsillo interior de la chaqueta. Aún era pronto, pero se sintió lleno de inquietud, de prisa. Como, cuando murió su madre, recorrió la casa. Lentamente entró en las cuatro habitaciones. Miraba las paredes, donde su sombra oscura le estremeció.

Abajo, el hogar estaba vacío, apagado. Vio el banco donde se sentaba su padre, la silla donde su madre

---

[234] **lucidez**—lucidity, clarity.

[235] **espectral**—spectral, misterious.

[236] **retroceder**—to go back.

[237] **precipitadamente**—hurriedly.

acostumbraba coser. Ahora ya no estaban, ya no eran nadie. El tiempo. El tiempo, "Paulina", se dijo en voz baja. Porque este nombre era su fuerza, su fe. Todo lo demás no importaba, no era nada. El tictac del reloj le pareció **desmesurado**.[238]

Amaneció, al fin, y salió. La niebla, más espesa, lo envolvía todo. El gris del cielo le dio frío. De nuevo, experimentaba aquella sensación de irrealidad total.

Detrás de la iglesia, en el camino, había un banco de piedra. Se sentó en él.

Paulina **se retrasaba**.[239] Empezó a ponerse nervioso, Paulina no llegaba. Oyó cómo el reloj del puerto daba la media. ¿Y si no venía? Aún hacía fresco, y en la mañana húmeda sentía frío. "Si no viniera . . . se dijo con fría desesperación. Ya estaba en un camino por el que no cabían retrocesos. Se sabía disparado hacia algo, irremisiblemente. Si ella no viniese, nada tenía él que hacer en la vida.

El tiempo pasaba. Transcurrieron diez minutos más. Su corazón estaba como lleno de agujas y sentía un **ahogo**,[240] una rabia impotente. La niebla le rodeaba cada vez más. Apenas se divisaban los cuerpos a un metro de distancia, cuando al fin oyó sus pasos. Se dibujaba borrosamente su silueta. Luego la tuvo cerca, al lado mismo. En la luz **blanquecina**,[241] vio su cabello húmedo y rojo sobre los hombros. Paulina llevaba algo en la mano.

¿Cómo has tardado tanto?

—Estaba buscando esto. Al fin lo he encontrado. ¡Lo habían escondido tan bien, para que no lo encontraran. . .

Paulina le enseñó los zapatos de su madre. Eran más bien unas sandalias, de color verde, con tacón alto y cintas muy largas.

---

[238] **desmesurado**—excessive.

[239] **se retrasaba**—was late.

[240] **ahogo**—breathlessness.

[241] **blanquecina**—whitish.

—Póntelas —dijo él. Y de pronto se dio cuenta de que había dicho aquello obedeciendo a un **signo**[242] fatal.

Paulina sonrió. Sentóse en el banco de piedra y empezó a calzarse. Pedro se arrodilló para ayudarla. Pero los zapatos eran un poco pequeños y entraban con dificultad. Al fin, se puso en pie. Se miraron, riéndose, con una alegría extraña. Algo flotaba en torno de ellos que les daba a las cosas un tinte irremediable. Se sintieron **dominados**[243] por una gran excitación.

—Te ataré bien fuertes las cintas —dijo Pedro—.

Hemos de andar de prisa y no sea que se te vayan desatando por el camino.

Cruzó las cintas dos veces en torno al tobillo de Paulina y, al fin, les hizo unos nudos tan fuertes y complicados que hubiera costado mucho rato volver a deshacerlos. Sobre los altos tacones, Paulina vacilaba, parecía que iba a caerse y romperse, como una figura de cristal.

—Cógete a mi brazo —dijo Pedro—. Hemos perdido mucho tiempo. Ya no podremos tal vez coger el tren de las cinco. Esperaremos al siguiente en el **andén**[244] de San Francisco.

Rápidamente **emprendieron**[245] el camino en **recuesto**.[246] Subían con la respiración entrecortada. Como apenas se veía, a veces, de entre la niebla surgía frente a ellos un árbol. Y tenía un algo sombrío, como un muerto. Oyeron el débil canto de un pájaro.

Bruscamente, casi sin darse cuenta, se hallaron en la vía. La vía negra, dura, a sus pies. Tenía algo cruel, doloroso. Al otro lado, apenas **se esbozaba**[247] la silueta

---

[242] **signo**—sign.

[243] **dominados**—dominated.

[244] **andén**—platform.

[245] **emprendieron**—set, took.

[246] **recuesto**—slope.

[247] **se esbozaba**—was sketched.

del olivar. Todo estaba lleno como de humo dorado, deslumbrador. El sol apuntaba, y teñía la espesa niebla.

—Vamos a cruzar —dijo Pedro—. Iremos por el lado de los olivos.

Pedro cogió por la cintura a Paulina y avanzaron.

El grito del tren, aquel largo y frío grito, apareció entonces, taladrando la niebla. El tren estaba allí, allí mismo, tras la dorada cortina de humo.

—¡Corre! —dijo Pedro. Pero al tirar de ella notó cómo se resistía. Algo **sujetaba**[248] con fuerza el pie de la muchacha. Paulina forcejeaba inútilmente. Tenía los ojos muy abiertos.

—No puedo —dijo al fin. Su voz llegaba ya de algún lugar desconocido, lejano —. Se ha metido el tacón en la **hendidura**[249] de la vía y no puedo sacarlo. ¡No puedo! Vete tú. . . Corre, déjame. ¡Corre, corre tú! . . .

No hablaron más. El grito estaba allí mismo, dentro de sus vidas. Inmóviles, se miraban fijamente. En el centro de los ojos dorados parecía crecer el grito, dilatarse. Pedro apretó más las manos sobre la cintura de Paulina. En las palmas notaba latir violentamente aquella vida joven, suya. La estrechó más y más, sin dejar de entregarse desesperadamente a aquellos ojos fijos, diáfanos. Tiempo. Tiempo. No había tiempo ahora. Pero **se le agolpó**[250] una alegría monstruosa, un sinfín de imágenes, de cosas ganadas, hermosas, en el alma. Hundido en los ojos abiertos y dorados, que le miraban con un asombro infinito, como un sueño polvoriento tras el cristal de ventana, apretó aquella cintura contra sí. "No podemos esperar." "Tenemos que salvarnos al tiempo", escuchó confusamente.

El grito llegó. Los atravesó. Los dejó atrás. Desaforado y frío, agujereando la niebla, el grito desapareció de nuevo tras las últimas rocas.

---

[248] **sujetaba**—held.

[249] **hendidura**—cleft, crack.

[250] **se le agolpó**—raced through his mind.

PREGUNTAS

1. Comenta cómo eran las vidas familiares de Pedro, Quim y Ramón.

2. ¿Cómo cambió la vida de Pedro después de la muerte de su padre?

3. ¿Qué clase de sentimientos tenía Pedro hacia Paulina? Describe paso a paso el proceso de la evolución de sus sentimientos.

4. Explica con tus propias palabras qué ocurre al final de la historia.

5. ¿Qué imagen de la sociedad española de la época se desprende de la historia?

No hacer nada

Este relato describe la renuncia de la responsabilidad de Martín Dusco, que en vez de cultivar la tierra y alimentar a su madre decide no hacer nada por vivir. Su actitud pasiva ante la vida es una metáfora de la sociedad española de la posguerra.

Parecía que el pueblo estuviera **incrustado**[1] en la roca, igual que una mala herida. Las tierras eran pedregosas, de color rojo oscuro, y el agua del río caía fuerte, partida en tres cascadas. El bosque brotaba muy cerca entre hojas amarillas.

Allí nació Martín Dusco, hijo de **labrador**.[2] Fue en la tarde de un jueves cuando uno de los hermanos —y eran tantos que daba pereza contarlos— llegaba a la casa bajo un saco de maíz. El perro se había tendido en la puerta, **estorbando el paso**[3] y aullando con el **hocico**[4] afilado. El

---

[1] **incrustado**—embedded, buried.

[2] **labrador**—farmer.

[3] **estorbando el paso**—blocking the way.

[4] **hocico**—muzzle.

muchacho le dio un **puntapié**,[5] pues era mudo y no podía blasfemar. Sabía bien por qué estaba ladrando el perro: aquel animal había alcanzado muchos años de la familia y cada vez que nacía un nuevo hijo se echaba allí a la entrada y se ponía a gritar como diciendo: "Otro par de piernas para **patearme**[6] el lomo. Yo quisiera engordar **royendo**[7] vuestros huesos".

Y le habían visto muchas veces husmeando en el cementerio, que estaba muy abandonado, con los muros casi destruidos. Pero nadie se podía ocupar de restaurarlo, porque la gente tenía que trabajar la tierra, cortar la leña y cuidar el ganado. Es más importante cuidar de los vivos que de los muertos.

Martín Dusco creció. Conoció días azules y notó el barro de color vino pegándosele como un beso a la piel. Había tierra de siembra[8] detrás de la casa, y algo más allá árboles de troncos negros y duros y tan hermosos... ¡Qué buena leña tenía aquella gente!... Claro que cuando llegaba el **forestal**[9] iba pegando **multas**[10] a derecha e izquierda y empezaban las maldiciones.

Martín Dusco supo en seguida que es preciso trabajar para vivir. No obstante se quedaba a veces apoyado contra la pared encalada del huerto, muy quieto. Y sentía trepar la pereza por la espina dorsal en tibios lengüetazos. Hasta que el padre le descubría y le llenaba la cara de **bofetones**.[11] En aquellas ocasiones, el perro se ponía a escandalizar y trataba de morderle los talones para hacer méritos delante del viejo.

---

[5] **puntapié**—kick.

[6] **patearme**—to kick.

[7] **royendo**—eating, picking at.

[8] **tierra de siembra**—tilled land.

[9] **forestal**—ranger.

[10] **multas**—fines.

[11] **bofetones**—slaps.

Martín se arrollaba una cuerda a la cintura, cogía el **hacha**[12] y se iba al bosque con las orejas encendidas. Al caballo le había salido un tumor en el lomo, negro ya de moscas, y a Martín las cargas de leña le mordían las costillas. Por la noche se sentaba en el extremo de la mesa con el plato en las rodillas, y todos decían:

—Ése está dormido.

Un día se quejó de que le dolía la espalda.

—A ti —le contestaron— te duele tener que trabajar.

Pero estaba bien claro: sin trabajar no se puede vivir. Miraba a su madre, a su padre y a sus hermanos: todos consumidos y rendidos de fatiga. Y así, todas las gentes de allí cerca, agachados hacia la tierra también. Con sólo subirse a la cerca del campo de los carboneros bastaba para ver trabajar. Quemaban trozos de roble dentro de la tierra y sudaban como hijos del diablo. Solamente durante unos breves minutos se sentaban mordiendo pan y dirigiendo miradas inquietas al camino por donde solía pasar el forestal. Señalaban con sus dedos negruzcos el cielo inseguro o aquel suelo que ellos no podían sembrar.

En fin: esfuerzo, labor, en todas partes. Y además, comer, dormir, andar, pensar. . .

—Baja de ahí, zafio —le decían.

Los días de fiesta aún se ponía más triste viendo cómo todos bailaban casi estallando dentro de la corbata y los zapatos. Como ya tenía quince o dieciséis años, sus hermanos se burlaban de él porque metía la cabeza entre la paja y se quedaba así, quieto, mientras ellos paseaban al Santo Patrón desde la ermita a la parroquia y desde la parroquia a la ermita.

—Está enamorado —decían, riéndose.

---

[12] **hacha**—ax, hatchet.

Pero eso no era cierto. No estaba enamorado de nadie; todas las chicas del pueblo tenían **los dientes cariados**,[13] y además era preciso acosarlas como a **jabalíes**.[14] Costaban demasiado y no valían la pena.

Un día el padre murió de un hachazo **mal dirigido**.[15] Echaron suertes y a Martín le tocó cavar el hoyo, porque no tenían allí enterrador. El perro iba llorando por entre las cruces caídas, y Martín pensaba: "¿Por qué debajo de la tierra? . . . Igual la abonará si le dejamos encima".

Pero le enterró porque así venía haciéndose desde muchos años atrás.

El hermano mayor hizo las particiones entre disputas. A Martín le empujaban todos, y por fin le dijeron:

—Mira: para ti es el campo de aquí al lado.

Con un suspiro hondo, cargando con su tristeza, Martín rompió la tierra tal como había aprendido. La sembró y, en fin, hizo lo que hacían todos.

Mas cuando sintió llegar el verano, le entró un ahogo inmenso pensando cuánta **cosecha**[16] iba a recoger para él solo.

—Cásate —le dijo el hermano mayor. Pero el hermano mayor se había casado antes con una mujer de espaldas anchas, y había que ver cómo se maldecían, y se multiplicaban. Martín Dusco sintió un escalofrío y miró al suelo.

Buscó a uno de los hijos del carbonero y le dijo:

—Si me recoges el trigo, quédate con la mitad.

El hijo del carbonero se pasó la lengua por los labios y afiló la hoz.

Pero cuando la madre vio a Martín con las manos abiertas y caídas, empezó a **lamentarse**.[17]

---

[13] **los dientes cariados**—cavities; holes in all their teeth.

[14] **jabalíes**—wild boars.

[15] **mal dirigido**—badly aimed.

[16] **cosecha**—harvest.

[17] **lamentarse**—to complain, grumble.

—Ya ves —decía—. Ya ves cómo me maltrata tu hermano mayor; yo estoy aquí olvidada, y como no puedo casi moverme por el reuma[18] maldito, me dejará morir sin compasión. Entretanto, tú que eres joven y puedes trabajar pierdes el tiempo esperando a que pasen las hormigas y **aplastándolas**.[19]. .

Como la anciana no podía ya trabajar, parecían todos de acuerdo en que no tenía derecho a vivir. Pues bien: él, Martín, la ayudó, partiendo su parte con ella. En tanto, el pícaro perro mordía ahora los tobillos del que contradecía al hermano mayor. Sin esfuerzo no se tiene derecho a nada.

El hijo del carbonero recogió la cosecha y le entregó la tercera parte. De todos modos, para él y su madre sobraba, y la vieja dijo:

—Véndelo. . .

Así lo hizo. Pero tuvo que trabajar más que si hubiera segado él solo todo el campo. En consecuencia, una angustia se abrazaba a su cuello cada vez más estrechamente. Y desde entonces las malas hierbas crecieron en sus tierras.

La madre se moría de hambre, y le gritó, desesperada:

—Por lo menos ve al granero, busca la escopeta de tu **difunto**[20] padre y procura cazar. . .

Buscó el arma. La halló mohosa y llena de polvo y se puso a cargarla por la boca, separando el perdigón de la pólvora con trozos de papel mascado.

Cuando el perro le vio empezó a dar alegres vueltas alrededor aullando hipocresías.

—Te partiré el cráneo —le amenazó. Pero, a pesar de que el animal le siguió las pisadas, no volvió a amenazarlo.

---

[18] reuma—rheumatism; illness that makes joints stiff and painful.

[19] **aplastándolas**—squashing them.

[20] **difunto**—deceased.

Se metió entre los árboles, y sentía en la piel el sopor lento de la tarde, tan dulce y pegajoso, tan lleno de pereza. Los troncos estaban centelleando aún por la última lluvia, y el perro, delante de él, hacía tres veces el camino.

Encontró una fuente y se sentó. Poco después crujieron las hojas y llegó otro hombre cazador con una escopeta moderna y polainas[21] muy graciosas.

—Mal día —comentaron.

Aquel hombre llevaba un pequeño bigote negro, y aunque no lo hubiera dicho se notaba que era de la ciudad.

—¡Ah! —suspiró rabiosamente Martín, interrumpiéndole—. Para vosotros es la buena vida. En cambio, aquí en el campo. . .

Mas el otro rió y se puso a explicar muchas cosas. Dijo que trabajaba ocho horas diarias dentro de un despacho donde se asfixiaba. Por eso aprovechaba los domingos para ir a cazar y poder respirar aire puro.

—Yo cazo para comer —dijo Martín.

—Así es la vida —repuso el otro. Y le ofreció un pitillo.

Pero Martín Dusco no sabía fumar y, además, aquel hombre **charlatán**[22] había empezado a hablar de fábricas, de motores, y, sobre todo, de dinero. Llevaba muchas cosas dentro de la cabeza. ¡Señor, y cuántas quería hacer a un tiempo! Abría los dos brazos como si quisiera abrazar el Universo a un tiempo. La amargura de Martín crecía oyéndole. Le pareció que dentro de sus propios ojos giraban grandes ruedas, y notaba un extraño zumbido en las orejas. Siempre había alimentado la esperanza de que un día u otro podría conseguir un lugar de paz, pero tal vez ese lugar no existía. En cambio, imaginó que miles de hombres atareados, obreros, le empujaban y estrechaban armando ruido, mucho ruido, como de gran maquinaria.

---

[21] polainas—gaiters; coverings for the legs made of leather or other material and running from the ankles to the knees.

[22] **charlatán**—garrulous, talkative.

Bruscamente se levantó, dejando plantado al de las ocho horas. Bajaba por entre los árboles un viento frío, nuevo. Y él empezaba a subir muy de prisa apartando las ramas. Nunca había corrido tanto.

Se fue muy lejos, hasta un pequeño claro del bosque, donde la hierba era de un azul muy oscuro, y se dejó caer en el suelo respirando con fuerza.

El perro empezó a lamerle la cara, y él no lo apartó. Aspiraba ansiosamente el aire libre, y sentía como se le clavaban en la nuca unas piedrecitas afiladas. Los troncos de los árboles aparecían largos, casi infinitos. Extendió en cruz los dos brazos y se le quedaron mojadas las manos. Daba pequeños **gruñidos**[23] de alegría volviendo la cabeza de un lado a otro.

Después se quedó quieto, mirando al cielo.

Pasó mucho rato, y él no se movía. ¡Qué fuerte y dulce adormecimiento le ganaba! Se dio cuenta de que no hacía nada, absolutamente nada. Y pensó una vez más cuánto cuesta vivir, cuántas cosas **se precisan**[24] para vivir. Y se dijo: "Pues bien: ¿para qué diablos esta vida?" Al fin y al cabo él no la había pedido a nadie y estaba pagándola a un precio excesivo. Renunciando, pues, a aquella lucha desproporcionada se sentía milagrosamente alegre, libre. Movió un poco el cuello y los pies. El perro, impaciente, le mordisqueaba las botas. Hasta que, en vista de que no se levantaba, decidió abandonarle y se volvió a casa, ladrándole con desprecio.

Martín Dusco se quedó dormido.

Cuando despertó se encontró boca abajo, y las piedrecillas se le clavaban en la mejilla. Se sentó, **restregándose**[25] los párpados. Arriba, la luna le miraba muy seria.

---

[23] **gruñidos**—growls.
[24] **se precisan**—are necessary.
[25] **restregándose**—rubbing.

Tenía sed y gateando buscó aquel pequeño arroyo que bajaba riéndose entre el musgo. Bebió, se miró en la charca azulosa, y sólo pudo distinguir su silueta despeinada. Luego tuvo hambre, bostezó y se volvió a dormir.

Cuando de nuevo se despertó ya había entrado el día. La sangre corría joven dentro de sus venas. Se arremangó y estuvo un buen rato contemplando la línea violeta que se hinchaba bajo su piel cruzándole el brazo. Respiró blandamente. No importaba tener hambre.

Después volvió a beber. Pero calentó tanto el sol, que fue a tenderse en una sombra de color verde húmedo y se entretuvo viendo trepar a los insectos por sus manos inmóviles.

Volvió a dormirse. Y a despertarse. Pero no se levantaba del suelo.

¡Cómo **se afanaban**[26] las hormigas, los pájaros, las **ardillas**,[27] peleando con la muerte! . . . Y él sonreía muy quieto, con las manos abiertas sobre la hierba.

Al décimo día, los ojos se le nublaron, y no podía mover los pies ni la cabeza. Miraba al cielo con gran paz, aunque no lo veía.

Empezaban a acercársele los roedores:[28] incluso uno trepó hasta su pecho, pero cuando sintió latir debajo el corazón huyó aterrado. No obstante, otro día llegó en que se pasearon libremente sobre él, y un ratón empezó a roerle las uñas y la chaqueta. Más tarde, las hormigas trazaron un camino a través de su cintura.

Después un hedor dulzón ahuyentó a los animales limpios. El sol calentó fuerte, y las facciones de Martín Dusco parecía que fueran a **derretirse**.[29] Tal vez sus parientes no le hubieran reconocido. Además, le faltaba una oreja y le habían mordisqueado la nariz.

---

[26] **se afanaban**—hurried.

[27] **ardillas**—squirrels.

[28] roedores—rodents.

[29] **derretirse**—melt.

Una mañana llegaron los **buitres**,[30] trazando círculos. Le dejaron los huesos limpios y blancos como recién encalados.

¡Por Cristo, qué bien lo pasó!

---

[30] **buitres**—vultures.

PREGUNTAS

1. ¿Cómo es el ambiente descrito en esta historia?

2. ¿Por qué no quería trabajar Martín? ¿Cómo se vivía en el pueblo?

3. ¿Qué sentido tienen las siguientes palabras dentro del contexto de la historia: "¡Por Cristo, qué bien lo pasó!"?

4. Comenta la analogía que existe entre la actitud del protagonista de este cuento y la sociedad española de la posguerra.

Texto

Fotos

Índice